Rainer Schmidt

# Immer richtig miteinander reden

Transaktionsanalyse in Beruf und Alltag

Rainer Schmidt

# Immer richtig miteinander reden

## Transaktionsanalyse in Beruf und Alltag

Vorwort von Gerhard Ohler, Deutsche Bank AG

Junfermann Verlag • Paderborn
2005

2. Auflage 1999
3. Auflage 2002
4. Auflage 2005
Covergestaltung: Werner Starzmann



Satz: Junfermann Druck & Service, Paderborn

Das vorliegende Buch war in einer früheren Auflage unter dem Titel „*Richtig miteinander reden. Transaktionsanalyse im Alltag*“ im mvg-Verlag München/Landsberg erschienen.

Bibliographische Information der Deutschen Bibliothek
Die Deutsche Bibliothek verzeichnet diese Publikation in der Deutschen Nationalbibliografie; detaillierte bibliografische Daten sind im Internet über http://dnb.ddb.de abrufbar.

ISBN 3-87387-392-3
Ab 1.1.2007: 978-3-87387-392-6

# Inhalt

Willst Du das Land in Ordnung bringen,
so mußt Du zuerst die Provinzen in Ordnung bringen.

Willst Du die Provinzen in Ordnung bringen,
so mußt Du zuerst die Städte in Ordnung bringen.

Willst Du die Städte in Ordnung bringen,
so mußt Du zuerst die Familien in Ordnung bringen.

Willst Du die Familien in Ordnung bringen,
so mußt Du zuerst Deine Familie in Ordnung bringen.

Willst Du Deine Familie in Ordnung bringen,
so mußt Du zunächst Dich selbst in Ordnung bringen.

*Aus China*

# Vorwort

Gerade in der heutigen Zeit kommt dem Gespräch und damit seiner Ausdrucksform, dem Reden, größte Bedeutung zu. Im privaten, wirtschaftlichen, politischen und kulturellen Umfeld ist das Gespräch das Transportband unseres Denkens und Handelns.

Jedoch, manches Gespräch ist gar kein Gespräch oder wird zumindest schlecht geführt. Wir müssen uns also häufiger zwingen, Gesprächsanalysen zu machen, um so u.a. die verschiedenen Ebenen, die Vielschichtigkeit eines Gesprächs, wahrzunehmen und unsere Rolle und die unserer Partner zu erkennen.

Nicht ohne Grund hat sich Rainer Schmidt hierzu der Transaktionsanalyse bedient, um „immer richtig miteinander zu reden" und dadurch besser miteinander umzugehen. Der besondere Vorteil dieses übersichtlich gegliederten Buches und der anschaulich dargestellten Interpretation der Transaktionsanalyse beruht darin, daß der Autor als erfolgreicher Manager eines mittelständischen Industrieunternehmens die Umsetzung der Theorien und Erkenntnisse in vielen Praxisjahren am eigenen Leibe erfahren hat und dieses Erleben und Wissen uns weitergibt.

Und so kann ich Ihnen bei der Lektüre dieser überarbeiteten Neuauflage nur wünschen, viele neue Erkenntnisse zu sammeln, manchmal auch eigene Betroffenheit zu erleben und das alles möglichst bald in Ihrem Alltag richtig umzusetzen.

*Dir. Gerhard Ohler*
Deutsche Bank AG

# Vorwort des Autors

Von den zahlreichen Besuchern meines Betriebes – dabei spielt keine Rolle, ob es Kunden, Lieferanten, Berater, Bankleute oder Seminarteilnehmer sind – höre ich immer wieder Äußerungen wie: „Die Leute wirken ja alle so zufrieden, das sieht hier alles sehr emsig und geschäftig aus, dabei aber erstaunlich locker und fröhlich; mir ist aufgefallen, daß die Leute normal weiterarbeiten, auch wenn wir gemeinsam hereinkommen. Keiner zuckt zusammen, alle machen einen engagierten und kompetenten Eindruck, nicht verkrampft, sondern eher zufrieden und fröhlich. Wie machen Sie das? Wie finden Sie solche Mitarbeiter?"

Ich erkläre meinem Besucher dann, wie es dazu gekommen ist; denn das war nicht immer so. Im Jahre 1979 expandierte mein Unternehmen sehr stark. Wir bezogen neue Betriebsgebäude. Bestehende Arbeitsgruppen wurden aufgelöst, neue entstanden. Diese an sich positive Entwicklung war verbunden mit schlechterem Betriebsklima und dramatischem Rückgang des Gewinns. Ich selbst fühlte mich in meinem Betrieb nicht mehr wohl und hatte nur wenig Spaß an meiner Arbeit.

Bei methodischen Analysen dieses Prozesses fand ich als Hauptursache: menschliches Verhalten. Um die Situation zu verbessern, benötigte ich einen fachkundigen Berater, wahrscheinlich einen Diplom-Psychologen. Hier hatte ich eine große Barriere, denn meine Meinung über Psychologen war nicht die beste, und das, was ich darüber gelesen hatte, bestärkte mein Vorurteil. Ich glaubte, daß es sich bei der Psychologie um eine nicht greifbare, schwammige Materie handle, die im Wirtschaftsleben nichts zu suchen hatte. Dennoch beschäftigte ich mich mit den verschiedenen Richtungen der humanistischen Psychologie. Die Transaktionsanalyse (TA) schließlich sprach mich als Unternehmer sofort an, denn die einfache, griffige Sprache verstand ich sofort. Der Techniker in mir war ganz begeistert davon, daß hier psychologische Vorgänge graphisch darstellbar gemacht wurden. Ich entschloß mich, die Transaktionsanalyse durch einen Berater in Form von Kommunikations- und Führungs-Trainings in meinem Betrieb einzuführen.

Seitdem hat sich viel verändert. Wir haben Höhen und Tiefen mit der Transaktionsanalyse erfahren, viel experimentiert, neue Konzepte eingeführt, andere verworfen. Durch ständige offene Aussprache miteinander entwickelten wir schließlich Kommunikationskonzepte für den betrieblichen Alltag, welche in der Praxis funktionieren und unsere Arbeits- und Lebenswelt positiv verändert haben. Das Betriebsergebnis war schon nach wenigen Monaten wieder gut.

Das Arbeiten mit der Transaktionsanalyse begeisterte mich so, daß ich mehr wissen und können wollte und deshalb eine Ausbildung zum Transaktionsanalytiker begann, die ich 1985 erfolgreich abschloß. Seitdem trainierte ich zusammen mit meinem Freund Ulrich Dehner Menschen anderer Betriebe und Mitarbeiter des eigenen Unternehmens in Kommunikation und Führung. Mein Betrieb entwickelte sich prächtig weiter, ich gründete weitere im europäischen Ausland und sanierte andere Firmen. Dabei war der faire und respektvolle Umgang nach den Konzepten, wie ich sie hier beschreibe, ein wichtiges Werkzeug zum schnellen und dauerhaften Erfolg.

Und gerade dieser Erfolg führte bald dazu, daß ich es zeitlich so eben noch schaffte, in meinem eigenen stark gewachsenen Unternehmen die Führungstrainings durchzuführen. Deshalb übernahm Ulrich Dehner 1986 den Seminarbetrieb. Seitdem führt er inhouse und offene Seminare mit ständig wachsendem Erfolg durch.

Die Konzepte der Transaktionsanalyse, die ich heute für den betrieblichen Alltag als angemessen ansehe und die ich in anderen Betrieben und im eigenen Unternehmen erfolgreich einsetze, beschreibe ich in diesem Buch.

Ich möchte Sie als Leser ermuntern, nicht einfach alles zu akzeptieren, sondern sich durchaus kritisch mit diesem Buch auseinanderzusetzen. Dabei können Sie sehr gut Ihre eigenen Erfahrungen und Standpunkte überprüfen. Ich kann mir vorstellen, daß es für Sie sehr spannend sein wird, die Grundideen so zu modellieren, daß sie Ihrem Naturell und Ihrer persönlichen Situation angemessen sind. Und nun viel Spaß beim Durcharbeiten dieses Buches.

*Rainer Schmidt*, im Mai 1998
Altena

# Das Ansammeln von unguten Gefühlen

## Rabattmarken

Als Eric Berne in den sechziger Jahren sein Modell der Transaktionsanalyse entwickelte, benutzte er als Erklärungsbegriffe Worte aus der Umgangssprache. Ich habe in meiner Kindheit noch Rabattmarken in die entsprechenden Bücher eingeklebt und anschließend bei unserem Lebensmittelhändler eingelöst. Da dieses System heute nicht mehr bekannt ist, möchte ich es – zumindest für die jüngeren Leser – noch einmal erläutern.

Früher gab es z.B. bei den Lebensmittelhändlern anstelle eines um 3 % Skonto reduzierten Preises entsprechende Rabattmarken. Diese sahen aus wie kleine Briefmarken und wurden in ein entsprechendes Buch eingeklebt. Wenn dieses Buch dann voll war, erhielt man dafür einen bestimmten Betrag.

In der Transaktionsanalyse verstehen wir unter „Rabattmarkensammeln", daß jemand schlechte Gefühle ansammelt. Er erwirbt dann für sich innerlich die Rechtfertigung, sie später gegen einen kleineren oder größeren Racheakt eintauschen zu können. Dieses „Rabattmarkensammeln" ist sowohl für schlechte Beziehungen untereinander als auch für ein schlechtes Betriebsklima verantwortlich; denn es führt ständig zu Mißstimmungen und damit zu Reibungsverlusten.

Doch zunächst einmal ein Beispiel: Ein Lagerleiter stellt am Montag abend fest, daß das Lager noch schmutzig ist, obwohl Anweisung zum täglichen Fegen besteht. Er sagt aber nichts zu seinem Lageristen, obwohl es ihm aufgefallen ist und er sich auch darüber geärgert hat. Er meint, ein guter Vorgesetzter müsse auch mal „fünfe gerade sein lassen“ können.

Am Dienstag abend bemerkt er, daß in einem Bereich des Lagers eine Kiste unordentlich im Wege steht. Er weiß, daß an diesem Tag besonders viel Arbeit angefallen war. Er entschuldigt hiermit das Verhalten seines Mitarbeiters. Dennoch ärgert er sich, daß im Lager nicht die Ordnung besteht, die er sich wünscht. Mittwoch und Donnerstag sieht es abends ähnlich aus, ohne daß der Lagerleiter mit seinem Mitarbeiter spricht. Am Freitag morgen nun stolpert der Lagerleiter über ein auf dem Boden liegendes Werkzeug, das dort nicht hingehört. Sofort beschimpft er seinen Lageristen: „Jetzt reicht es mir aber, ständig ist hier Unordnung. Nie räumen Sie auf. Das lasse ich mir einfach von Ihnen nicht mehr bieten.“

Was war passiert?

Der Lagerleiter hatte vier Tage lang jeden Abend eine „Rabattmarke geklebt“. Am Freitag war dann seine „Rabattmarkensammlung“ voll, und er löste sie bei dem Lageristen ein. Er hatte für sich die innere Berechtigung dazu gesammelt, denn er hatte ja vier Tage lang den Mund gehalten und seinen Ärger aufgestaut bis „das Faß schließlich überlief“.

Der Lagerist kann die Reaktion seines Vorgesetzten überhaupt nicht verstehen, da er nur die aktuelle Situation am Freitag sieht. Er meint: „Warum regt er sich überhaupt auf? Es ist genau einmal vorgekommen, daß hier Werkzeug herumlag und dafür das ganze Theater?“

Beide sind sauer, und es ist verständlich, daß das Abteilungsklima nicht mehr stimmt.

Eine sichere Methode gegen „Rabattmarkensammler“ gibt es nicht. Sie können aber für sich selbst eine klare Entscheidung fällen, generell alles sofort anzusprechen, was Ihnen irgendwo nicht ganz gefällt. Sie sammeln so keine schlechten Gefühle und können der aktuellen Situation angemessen und nicht überschießend reagieren. Es kann sein, daß Sie dann hören: „Jetzt sprechen Sie aber auch jede Kleinigkeit an.“ Lassen Sie sich davon nicht irritieren, sondern antworten Sie beispielsweise: „Wie fanden Sie die Art, wie ich diesen Punkt angesprochen habe?“

Wir sind in meinem Betrieb dieser Situation so begegnet, daß wir eine generelle Vereinbarung – die auch in unserem Firmenhandbuch steht – haben, daß Störungen sofort angesprochen werden. Wenn dann ein „Rabattmarkensammler“ seine „Sammlung“ abgibt, ist es nicht schwer, ihn mit seinem Verhalten freundlich zu konfrontieren. Er wird dann beispielsweise von seinem Kollegen hören: „Ich stelle fest, daß Sie sich über diesen Punkt schon eine Weile Gedanken gemacht haben. Was halten Sie davon, wenn Sie ihn künftig sofort unmittelbar ansprechen? Ich weiß dann genau, worum es geht, und kann Ihre Situation auch besser verstehen.“

## Zusammenfassung – Hinweise für die Praxis

1. „Rabattmarkensammeln“ heißt, ungute Gefühle ansammeln.
2. „Rabattmarkensammler“ stören das Betriebsklima empfindlich.
3. Sprechen Sie jede Störung sofort in Form von Ich-Botschaften an.

# Gegenseitige Vereinbarungen

## Verträge

Wie oft kommt es vor, daß Vereinbarungen nicht eingehalten werden; Termine platzen, Sie über die eigene Unzuverlässigkeit, meistens über die Unzuverlässigkeit anderer empört oder ärgerlich sind? Das gegenseitige Einhalten von Vereinbarungen ist aber sowohl im privaten als auch im geschäftlichen Bereich eine wesentliche Voraussetzung, damit wir uns in unserem Lebens- oder Arbeitsbereich sicher fühlen und das Zusammenleben funktioniert. Das Nichteinhalten von Vereinbarungen führt regelmäßig zu Störungen, Krach – oder wie wir in der Transaktionsanalyse sagen – zu psychologischen Spielen. Die Transaktionsanalyse zeichnet sich vor anderen Richtungen der humanistischen Psychologie dadurch aus, daß sie vertragsorientiert ist. In der Transaktionsanalyse wird also oft von Verträgen gesprochen. Die Beratung eines Klienten, der z.B. neurotische Störungen hat, durch einen Psychotherapeuten erfolgt auf der Basis eines Behandlungsvertrages. Der Klient bestimmt z.B. das Ziel der Therapie. Erst wenn beide, also Therapeut und Klient, Übereinstimmung erzielt haben, erfolgt die Therapie durch den Psychotherapeuten. Im Regelfalle sind solche Behandlungsverträge mündliche Vereinbarungen.

Für wichtige Geschäfte, Arbeitsverhältnisse etc. formulieren wir auch stets Verträge. Der angehende Kaufmann lernt sehr bald: „Ein Vertrag besteht aus zwei deckungsgleichen Willenserklärungen." Das ist Tagesgeschäft und funktioniert im Regelfalle auch. Neu ist dagegen, den menschlichen Umgang miteinander auch unter dem

Aspekt „Verträge" zu untersuchen. Es lohnt sich aber, zwischenmenschliche Situationen – nach dem TA-Konzept – etwas klarer, modellhafter zu sehen und zu begreifen.

Wenn Sie einmal nachforschen, warum Sie mit bestimmten Freunden besonders gut auskommen, warum Sie sich mit Arbeitskollegen gut verstehen, warum es mit Geschäftspartnern gut klappt, so werden Sie in aller Regel feststellen, daß hier untereinander Verträge eingehalten werden. Jeder steht zu seinem Teil der Vereinbarung, selbst wenn sie klar nie formuliert worden sind.

Wenn Sie sich z.B. mit einem Freund verabreden, um sich an einer bestimmten Stelle zu treffen, so ist dies in der TA-Sprache bereits ein Vertrag. Sie haben sich also geeinigt, sich zu einer bestimmten Zeit an einem bestimmten Ort zu treffen. Gute Freundschaften oder auch intakte Beziehungen zeichnen sich dadurch aus, daß sich beide Seiten an die Vereinbarung halten, also pünktlich an der verabredeten Stelle erscheinen. Sie wissen bestimmt, wie ärgerlich es ist und wie es die Freundschaft strapaziert, wenn der andere seinen Vertrag nicht einhält, also zu spät oder gar nicht kommt.

Ähnlich ist es auch, wenn der vielbeschäftigte Ehemann mit seiner Frau abstimmt, daß abends um 19.00 Uhr gegessen wird. Wenn er dann nicht pünktlich zum Essen erscheint, ist der Krach mit seiner Frau – oder in der TA-Sprache ein psychologisches Spiel – vorprogrammiert.

Nun kommt es aber vor, daß Vereinbarungen aus gewissen Gründen nicht eingehalten werden können. Beim Beispiel des zuspätkommenden Ehemannes kann es sein, daß er noch kurz vor Feierabend zu seinem Vorgesetzten mußte und dieser ihn in ein längeres Gespräch verwickelte. Er hat dann natürlich den Zwiespalt, auf der einen Seite die wichtige Unterredung mit seinem Vorgesetzten wahrzunehmen, auf der anderen Seite aber auch seiner Frau gerecht zu werden. Unbewußt hofft er nunmehr auf ihr „Verständnis" für sein Zuspätkommen. Die Frau dagegen sieht das völlig anders. Sie hatte sich viel Mühe mit diesem Essen gemacht, kann es nicht warmhalten und meint, daß nunmehr die ganze Arbeit umsonst ist. Sie ist sehr ärgerlich, und es gibt also einen heftigen Krach.

Was ist aber zu tun? Ich sehe es so, daß Verträge einzuhalten sind. Wenn mir dann etwas dazwischenkommt, informiere ich meinen Vertragspartner und stimme mit ihm einen neuen Vertrag ab. Dieser ist dann verbindlich. Im Falle des zuspätkommenden Ehemannes würde das dann so aussehen: Er fragt seinen Chef, ob die Besprechung länger dauern würde. Wenn dies der Chef bejaht, kann er seine Frau anrufen. Er kann ihr die Situation erläutern und mit ihr eine Verschiebung des Abendessens vereinbaren. Wenn er aber nun keine exakte Zeit sagen kann, kann die Vereinbarung auch so lauten: „Gut, dann machen wir das Essen gemeinsam, wenn ich nach Hause komme." Oder: „Ich weiß, daß, wenn ich nach Hause komme, das Essen nicht fertig ist und ich noch eine Weile warten muß, bis du es dann fertig hast" oder ähnlich.

Hier haben dann beide – abweichend von der Basisvereinbarung – anschließend eine modifizierte neue Vereinbarung, also einen neuen Vertrag, getroffen.

Es führt zum Krach, wenn einer seinen Teil des Vertrages nicht einhält bzw. sich ohne Einverständnis seines Vertragspartners über eine getroffene Vereinbarung hinwegsetzt. Daß er dies nicht macht, um einen Krach zu provozieren, sondern dafür gute Gründe hat, dürfte die Regel sein. Wenn aber neue Ereignisse das Einhalten einer Vereinbarung nicht möglich machen, ist es eine sichere und konstruktive Methode, unmittelbar nach Eintreffen dieses neuen Ereignisses den anderen zu informieren und eine neue Vereinbarung zu treffen. Oft ist es dann früh genug, und ein psychologisches Spiel wird so vermieden.

## Fallbeispiel

Der Projektleiter Lehmann erhält die Aufgabe, in seinem Betrieb die EDV einzuführen. Für die Gesamtrealisierung wird ein Terminplan erstellt. Der erste Abschnitt ist mit der Festlegung des Fabrikates per 30. April definiert. Dies ist der Termin, auf den sich der Projektleiter Lehmann mit seinem Vorgesetzten Schulze geeinigt hat.

Im Laufe des Kontaktes mit den verschiedenen Anbietern stellt Herr Lehmann fest, daß noch eine Reihe Fragen im Hause mit den verschiedenen Abteilungen notwendig sind. Am 20. April hat er diese Fragen schließlich von allen Abteilungen beantwortet bekommen. Nach Rücksprache mit den verschiedenen Anbietern von

EDV-Anlagen sagen ihm diese, daß sie für die Ausarbeitungen der Angebote zwischen drei und vier Wochen benötigen.

Am 30. April nun bittet der Vorgesetzte Schulze den Projektleiter Lehmann um seine Ausarbeitung. Nun erklärt ihm Herr Lehmann, was er an Problemen gehabt hätte und daß es noch ca. drei bis vier Wochen dauern würde, bis er die Angebote gesammelt habe. Herr Schulze ist verärgert, und es gibt einige heftige Auseinandersetzungen zwischen den beiden.

Eine gute Möglichkeit, diesen Krach zu vermeiden und damit den Vertrag einzuhalten, wäre folgende gewesen: Am 20. April nimmt der Projektleiter Lehmann Kontakt mit seinem Vorgesetzten Schulze auf. Er schildert ihm die Situation, die er bei der Terminabsprache nicht vorhersehen konnte.

Er sagt, daß er noch rund drei Wochen benötige und für die Abgabe der Ausarbeitung zur Festlegung des Fabrikates sei ein sicherer Termin der 30. Mai. Der Projektleiter kann dann mit dem Vorgesetzten eine neue Vereinbarung – also einen neuen Vertrag – schließen und z.B. den 30. Mai für die Abgabe dieser Ausarbeitung vereinbaren.

Es geht also stets darum, Verträge nicht einseitig zu modifizieren oder überhaupt nicht einzuhalten. Beim Eintritt von Veränderungen oder dem Wunsch danach wird der andere befragt und dann gemeinschaftlich eine neue Vereinbarung getroffen. Dies ist eine sichere Methode, um konstruktiv miteinander umzugehen und damit erfolgreich zu kommunizieren.

Wenn Sie sich vergegenwärtigen, daß ein Vertrag bedeutet, daß zwei sich deckende Willenserklärungen vorliegen, dann werden Sie die meisten Ihrer unangenehmen Auseinandersetzungen vermeiden können.

Wenn es für Sie selbstverständlich wird, Verträge einzuhalten, wird man Sie als zuverlässigen Menschen anerkennen. Andere werden Sie als klar, deutlich und präzise bezeichnen. Sie werden stabile Partnerschaften haben und von Ihren Mitmenschen geschätzt werden.

Ein anderer Grund, warum Verträge bzw. Vereinbarungen nicht eingehalten werden, ist der, daß man nicht vollkommen damit einverstanden ist, d.h. ein Ich-Zustand protestiert, hat Angst oder kann es mit seinem Gewissen (= Eltern-Ich) nicht vereinbaren. Das sind dann die Vereinbarungen, die anschließend nicht eingehalten werden oder deren Einhalten seelische Probleme verursacht. (Einzelheiten zu „*Ich-Zuständen*“ im Kapitel „Aufbau der menschlichen Psyche – Menschliches Verhalten“, Seite 47)

Wir überprüfen deshalb, ob Vereinbarungen mit Zustimmung aller Ich-Zustände getroffen wurden. Die Entscheidungen werden aus dem Erwachsenen-Ich getroffen. Vorher sollten aber das Kind-Ich und das Eltern-Ich zu dieser Entscheidung befragt werden. Erst wenn das Eltern-Ich und das Kind-Ich keine Bedenken haben und zustimmen, dann ist die Entscheidung definitiv und wird von der Gesamtheit der Person akzeptiert und eingehalten.

Das hört sich ganz leicht an, doch wie sieht so etwas in der Praxis aus?

## Fallbeispiel

Sie haben von Ihrer Firma ein Angebot bekommen, eine neue Aufgabe im Ausland zu übernehmen. Sie können sich nun hinsetzen und schriftlich Ihre einzelnen Ich-Zustände befragen:

***1. Erwachsenen-Ich:***

- Was spricht aufgrund meiner eigenen Erfahrung dafür?
- Was spricht aufgrund meiner bisherigen Erfahrung dagegen?
- Welche Erfahrungen, Informationen liegen von meinen Kollegen vor, die ähnliche Tätigkeiten machen?
- Was habe ich bisher darüber gehört?
- Inwieweit bringt das Vorteile für mich?
- Welche Nachteile sehe ich?

***2. Eltern-Ich:***

- Kann ich diese Tätigkeit mit meinen Normen, mit meinem Gewissen, mit meinem ethischen Rahmen verantworten?

***3. Angepaßtes Kind-Ich:***

- Was sehe ich als bedenklich an?
- Welche Ängste oder Vorbehalte habe ich?
- Wo fühle ich mich unsicher?

**4. Freies Kind-Ich:**

- Was reizt mich so ganz spontan an der Aufgabe?
- Was macht mir Spaß?
- Was erregt mich freudig?
- Was berührt mich emotional?
- Wo ist mein Herz dabei?
- Was sagt mir mein Gefühl?

**5. Erwachsenen-Ich:**

- Wenn ich jetzt die Informationen aus meinem Eltern-Ich und aus meinem Kind-Ich mitverarbeite, wie lautet nunmehr meine Entscheidung nach Abwägen aller Vor- und Nachteile?

Vordergründig erscheint das als großer zeitlicher Aufwand. Aber wir stellen ja immer wieder fest, daß die Beschäftigung mit dem eigenen Verhalten und das Beschäftigen mit dem Verhalten anderer zunächst einmal Zeit braucht. Diese Zeit ist aber gut investiert. Stellen Sie sich vor, welchen Aufwand Sie betreiben bei der Entscheidung für ein neues Möbelstück, für ein neues Auto oder für eine neue Maschine. Sie werden dagegen sehr schnell feststellen, wie nachlässig oder auch wie spontan wir Entscheidungen fällen, die unsere Person betreffen und einschneidende Konsequenzen für die berufliche Karriere und somit das ganze Leben haben können, wie im Falle des Mitarbeiters, der einen neuen Aufgabenbereich übernimmt.

Das Risiko, eine Fehlentscheidung zu treffen, ist unvergleichbar hoch angesichts der Emotionalität, mit der wir hier manchmal vorgehen. Am Ende werden Sie feststellen, daß der Zeitaufwand mit dem Befragen aller Ich-Zustände nur einen Bruchteil der Zeit ausmacht, die Sie benötigen, um eine Fehlentscheidung im nachhinein zu korrigieren.

# Die eigene Sichtweise

## Bezugsrahmen

Oft prallen bei sogenannten Sachdiskussionen unterschiedliche Betrachtungsweisen, unterschiedliche Meinungen, aber auch unterschiedliche Erfahrungen hart aufeinander. Die Menschen reden aneinander vorbei, verstehen sich nicht, versuchen vergeblich, den anderen zu überzeugen, und kämpfen im Grunde genommen nur darum, recht zu bekommen. Am Ende behält häufig der recht, der die vermeintlich besseren Argumente hat oder diese aufgrund seiner Position oder seiner Beredsamkeit mit mehr Nachdruck vortragen kann. Die anderen werden verbal unterdrückt, bleiben dabei auf der Strecke und fühlen sich nicht wohl. Die Folge sind Mißstimmungen, gestörte Beziehungen untereinander, Projekte, die nicht zufriedenstellend laufen. Man findet den anderen nicht mehr sympathisch oder aber auch „nicht mehr zum Aushalten".

Neben den Ihnen schon bekannten Möglichkeiten, solches Verhalten mit TA-Konzepten zu analysieren, gibt es ein weiteres TA-Konzept, nämlich das *des inneren Bezugsrahmens.* Hierunter verstehen wir in der TA Ihre ganz persönliche Brille, durch die Sie die Welt – zweifelsohne eingeschränkt – betrachten. Um zu verstehen, wie die individuellen Bezugsrahmen sich entwickeln, machen wir zunächst einmal einen Ausflug in die Kindheit.

## Fallbeispiel

Klaus Müller ist als Einzelkind in einer Beamtenfamilie groß geworden. In dieser Familie war alles auf die Minute genau organisiert und geregelt. Mittags wurde pünktlich gegessen, freitags gab es Fisch, am Sonntag ging die ganze Familie in die Kirche. Besuche bei Freunden wurden ganz selten gemacht. Zu Hause war alles blitzblank, alles lag an seinem Platz.

Klaus Müller hatte also wenig Kontakte zu anderen Familien. Leicht läßt sich verstehen, daß er seine Umgebung, die durch Sauberkeit, Pünktlichkeit und Ordnung bestimmt ist, als angemessen und richtig ansieht, denn das ist es, was er von klein auf gelernt hat.

Bernd Schulze ist in einer Familie mit sechs Geschwistern groß geworden. Seine Eltern waren Künstler, die Mutter hatte eine Töpferei, und der Vater war Bildhauer. Mittags wurde zu sehr unterschiedlichen Zeiten gegessen, je nachdem, wie die Mutter dies mit ihrer Arbeit vereinbaren konnte oder wie die Geschwister von der Schule nach Hause kamen. Die vielen Geschwister brachten häufig ihre Freunde mit ins Haus. Fast immer fehlte eines der Kinder, weil es mit Nachbarskindern unterwegs war. Unordnung war in diesem Hause der Normalzustand, da Spielzeug immer herumlag. Die Familie war nicht sonderlich religiös. Es kam aber durchaus vor, daß eines der Kinder mit Nachbarn zur Kirche ging.

Es ist einleuchtend, daß Bernd Schulze solch eine Welt, in der Ordnung nicht sonderlich wichtig ist, in der man sehr viel Kontakt nach außen hat und ständig zu Hause etwas los ist – relativ ungeregelte Zustände also – als normal ansieht.

Wenn nun Herr Müller und Herr Schulze in einem Betrieb arbeiten und gemeinschaftlich ein neues Projekt bearbeiten sollen, ist es sehr wahrscheinlich, daß es hier zu Schwierigkeiten kommt, weil beide völlig unterschiedliche Sichtweisen bzw. innere Bezugsrahmen haben.

Nun ist es aber nicht so, daß der Bezugsrahmen nicht entwicklungsfähig wäre. Wer bewußt tolerant ist und andere Meinungen gelten läßt und wer auch die Betrachtungsweise anderer akzeptieren kann, erweitert seinen Horizont und damit seinen inneren Bezugsrahmen. Daß diese Erweiterung bei Herrn Müller deutlich mehr

Schwierigkeiten machen wird als bei Herrn Schulze, ist leicht verständlich. Je eingeschränkter die Lebensweise oder die Regeln und Normen zu Hause waren, desto schwerer fällt es auch später, den Bezugsrahmen zu erweitern bzw. andere Sichtweisen gelten zu lassen.

Vor einiger Zeit beschwerte sich ein Lohnbuchhalter über einen Verkäufer, der immer so kleinlich und pingelig bei der monatlichen Spesenabrechnung sei und deshalb so viel Zeit beanspruche. Das könne doch kein guter Verkäufer sein, denn ein guter Verkäufer müsse großzügiger und wesentlich toleranter sein.

Ich erklärte dem Buchhalter dann, daß ich gerade bei diesem Verkäufer seine Präzision schätzen würde. Er brächte Aufträge mit, die sowohl technisch als auch kaufmännisch bis ins Detail korrekt abgeklärt seien. Die Folge seien eine unproblematische Auftragsbearbeitung im Haus und sehr zufriedene Kunden. Ich fände es also ausgesprochen gut, daß sein Kollege so pingelig sei, denn das sei sehr hilfreich für seinen Erfolg.

Der Buchhalter sagte mir darauf: „Das habe ich bisher nie so gesehen. Da haben Sie recht, so kann man das natürlich auch sehen. Jetzt verstehe ich ihn deutlich besser."

In diesem Falle hatte nach dem Gespräch der Buchhalter seinen Bezugsrahmen erweitert.

Eine gute Technik, den Bezugsrahmen des anderen zu verstehen, ist das aktive Zuhören.

## Zusammenfassung – Hinweise für die Praxis

1. Der Bezugsrahmen ist die eigene „Brille", durch die wir die Welt eingeschränkt sehen.
2. Dieser vorerst eingeschränkte Bezugsrahmen läßt sich jedoch erweitern.
3. Voraussetzung dazu ist, daß Sie die Grundposition „Ich bin o.k. – Du bist o.k." einnehmen.
4. Hören Sie aktiv zu, und fragen Sie interessiert-neugierig nach, bis Sie die Sichtweise des anderen verstanden haben.
5. Führen Sie keinen Streit um Standpunkte; denn „jeder hat *aus seiner Sicht* recht".

# Praxis des aktiven Zuhörens

Das Konzept des aktiven Zuhörens ist ursprünglich kein Konzept aus der Transaktionsanalyse. Es wurde von Rogers bzw. Gordon entliehen. Der amerikanische Psychotherapeut Carl Rogers setzte es in seiner von ihm entwickelten „Klientenzentrierten Gesprächs-Psychotherapie" ein. Der Amerikaner Thomas Gordon übernahm das Konzept und stellte es in „Gordons Führungs-Training" besonders heraus.

Mit der Transaktionsanalyse läßt sich sehr gut beschreiben, worum es hier im Grunde genommen geht.

Viele, die meinen, diese Technik gelernt zu haben, halten ganz einfach den Mund und wirken scheinbar interessiert. Häufig kommt es vor, daß Sie sich innerlich aktiv mit Gegenargumenten auseinandersetzen oder einfach auch an etwas ganz anderes denken. Diese Front oder das Nichtdabeisein spürt aber der andere Gesprächsteilnehmer intuitiv. Er fühlt sich nicht ernst genommen, und die Beziehung ist – trotz scheinbarem Einsetzen dieser Technik – gestört.

Unter aktivem Zuhören verstehe ich, daß ich mich aktiv mit dem Bezugsrahmen – also der Sichtweise des anderen – auseinandersetze. Mir ist sehr bewußt, daß ich nur eine eingeschränkte Sichtweise habe, und ich bemühe mich nun, mich an die Seite des anderen zu stellen und die Welt durch seine Brille zu sehen.

Ich aktiviere mein Erwachsenen-Ich und speichere alle Informationen des anderen. Zur Vergewisserung, ob ich alle Informationen aus der Sicht des anderen korrekt aufgenommen habe, mache ich gelegentlich eine Pause und antworte beispielsweise: „Ich möchte jetzt einmal zusammenfassen: Bis jetzt habe ich folgendes verstanden ..."

Wenn der andere sich von mir nicht richtig verstanden fühlt, kann er hier korrigierend eingreifen, bis mein Informationsstand – auch aus seiner Sicht – korrekt ist.

Parallel dazu aktiviere ich möglichst auch mein freies Kind-Ich. Damit bleibe ich neugierig und hochgradig interessiert; denn das Einsteigen in den Bezugsrahmen eines anderen ist und bleibt eine spannende Sache und macht immer wieder Spaß.

Sie sehen also, daß beim aktiven Zuhören das Erwachsenen-Ich und das freie Kind-Ich beteiligt sind.

Während des gesamten Gespräches überprüfe ich ferner meine Grundeinstellung: „Ich bin o.k. – Du bist o.k." Sobald ich feststelle, daß ich andere Ich-Zustände aktiviere, weiß ich, daß der Prozeß des aktiven Zuhörens – wie er ursprünglich von Rogers verstanden wurde – unterbrochen ist. Wenn ich beispielsweise nur vorgebe zuzuhören, ist mein rebellisches Kind-Ich aktiv. Wenn ich innerlich denke: „Was will der denn, der hat doch sowieso keine Ahnung" oder: „So ein Quatsch", ist mein kritisches Eltern-Ich aktiv. Wenn ich dies feststelle, besetze ich bewußt mein Erwachsenen-Ich und schreibe mir die Informationen, die mir der andere gibt, auf. Mitschreiben ist eine sichere Methode, stabil im Erwachsenen-Ich zu bleiben.

Aktives Zuhören signalisiert dem Gesprächspartner: „Du bist o.k." Es zeigt ihm, daß ich an ihm interessiert bin. Es läßt ihn dauernd erkennen, daß ich mich intensiv bemühe, ihn auch richtig zu verstehen. Es dokumentiert ein hohes Maß an Zuwendung.

Aktives Zuhören ist eine hervorragende Methode bei kontroversen Auseinandersetzungen. Es signalisiert dem einzelnen, daß er ernst genommen wird und daß Sie sich intensiv mit ihm beschäftigen. Der Emotionspegel senkt sich schlagartig; denn im Regelfall werden Erwachsenen-Ich-Zustände aktiv. Vergleichsweise schnell sind dann Sachdiskussionen möglich. Die daraus resultierenden Entscheidungen sind tragfähig, weil die einzelnen dahinterstehen.

## Praktisches Umsetzen

Bei dem einen oder anderen Beispiel hatten Sie vielleicht ein Aha-Erlebnis. Sie sagen sich: „Jetzt ist mir etwas klarer geworden. Das werde ich ändern." Sie fassen gute Vorsätze, doch schon bei der nächsten Konflikt-Situation bleibt alles beim alten. Sie bekommen einfach den richtigen Dreh nicht und können Ihre inneren Vorbehalte und Denkmuster nicht überwinden.

Sie stellen dann fest, daß „Sie nicht mehr daran gedacht haben", „daß es dieses Mal beim besten Willen nicht möglich war", „daß der andere Ihnen keine Wahl gelassen hat" usw. Sie haben also viele Entschuldigungen und Begründungen, um Ihr altes, nicht erfolgreiches Verhalten zu erklären.

Diese Erklärungsversuche und die Art und Weise, wie Sie es anstellen, daß sich nichts ändert, bezeichne ich als *„psychologische Trickkiste"*. Denn Sie haben eine Reihe unbewußter Tricks parat, um Ihr altes, nicht mehr gewünschtes Verhalten zu stabilisieren.

Wenn Sie nun begreifen, daß Sie für Ihr Verhalten ausschließlich selbst verantwortlich sind – denn Sie sind ja schließlich keine Marionette, an der ein anderer die Fäden zieht, haben Sie anschließend einen praktischen Ansatz, Ihr gewünschtes Verhalten zu realisieren. Deshalb:

**Übernehmen Sie für sich selbst die Verantwortung.**

Erst wenn Sie innerlich bereit sind, *Ihre* Anteile an Auseinandersetzungen, an Mißerfolgen, aber auch an Ihrer ganz persönlichen Situation zu übernehmen, erst dann kommen Sie wirklich einen Schritt weiter in Richtung erfolgreicher Kommunikation oder in Richtung Erfolg schlechthin.

Was ist also zu tun?

1. Schreiben Sie Ihre Entschuldigungen, Erklärungen usw. auf.
2. Fragen Sie sich schriftlich, was Ihr Anteil an der Situation ist, und notieren Sie das ebenfalls.

3. Was haben Sie mißachtet, übersehen, größer oder kleiner gemacht, so daß es zu dieser Situation kommen konnte?
4. Was können Sie anders, konstruktiver tun?
5. Wie können Sie sich daran erinnern, daß Sie es nicht vergessen?
6. Sprechen Sie in der Ich-Form, also nicht: „Sie vermiesen mir das ganze Wochenende", oder: „Sie bauen immer nur Mist", sondern: „Ich stelle fest, daß ich mich im Moment ärgere", oder: „Ich sehe, Ihre Arbeit ist zu 99 % in Ordnung. An folgenden Stellen haben Sie drei Fehler gemacht."

Betrachten Sie den Umgang mit sich selbst von der sportlichen Seite, schmunzeln Sie über sich, wenn Sie in Ihr altes Verhalten zurückgefallen sind. Seien Sie das nächste Mal eine Spur schneller. Gehen Sie so konstruktiv mit sich selbst um, wie Sie wünschen, daß andere mit Ihnen umgehen.

Seien Sie sich darüber klar, daß das Einüben neuen Verhaltens seine Zeit braucht und Arbeit bedeutet. Und es ist Arbeit; ich weiß das bestens aus eigener Erfahrung.

Doch schon bald werden Sie Spaß daran bekommen. Wenn Sie merken, wie Sie Angriffen mit einem breiten Verhaltensrepertoire begegnen können, wie Sie mehr und mehr Ihr eigener Steuermann und weniger Gesteuerter sind, werden Sie mehr Spaß an sich selbst und an Ihren Mitmenschen haben.

Hier noch ein paar Tips, wie Sie das neue Verhalten sicherer umsetzen können:

### *1. Methodik*

Nehmen Sie sich für Ihr persönliches Trainingsprogramm stets nur einen Punkt auf einmal vor. Schreiben Sie diesen Punkt als Stichwort – als eine Art Geheimcode – auf einen Zettel auf. Diesen Zettel plazieren Sie dort, wo Sie ihn mehrmals am Tage sehen, also in Ihrem Notizbuch, heften ihn an einen Spiegel oder in Ihr Auto, an Ihren Arbeitsplatz usw.

Es geht darum, daß Sie diesen Zettel mehrmals am Tag sehen und sich so daran erinnern. Ihr Unterbewußtsein nimmt dann nach einiger Zeit diesen Punkt auf und „automatisiert" ihn.

### 2. Mentales Training

Sie können sich in einer Entspannungsphase Ihr neues Verhalten und die dazugehörige Situation in idealer Weise bildlich vorstellen. (Dies ist übrigens eine Technik, die Spitzensportler regelmäßig anwenden.)

Wenn Sie eine Entspannungs-Technik, z.B. das autogene Training, schon beherrschen, können Sie sich ja bewußt in einen entspannten Zustand versetzen. Nun stellen Sie sich die Situation möglichst konkret und exakt vor, so als ob Sie sich bereits in der gewünschten Form verhielten. Genießen Sie Ihr neues Verhalten innerlich, und freuen Sie sich über die positive Reaktion Ihrer Umgebung. Je konkreter und präziser Sie dies tun, desto effektiver ist diese Methode.

Wenn Sie keine Entspannungstechnik beherrschen, so brauchen Sie diese nicht erst zu erlernen. Sie können sich in eine ruhige Ecke zu Hause zurückziehen und „träumen", daß die von Ihnen gewünschte Situation bereits in idealer Weise eingetreten wäre. Sie können das gleiche auch kurz vor dem Einschlafen durchführen oder aber morgens vor dem Aufstehen.

### 3. Feedback

Eine weitere Möglichkeit ist, daß Sie mit einem guten Freund oder gutem Arbeitskollegen eine Vereinbarung darüber treffen, daß dieser Sie unmittelbar nach Auftreten Ihres alten Verhaltens anspricht. Wenn Sie ihm also vertrauen, können Sie ihm sagen, welches Verhalten Sie anstreben und sich von ihm regelmäßig Feedback holen. Damit erhalten Sie eine ausgezeichnete Möglichkeit, von außen Ihr neues Verhalten zu überprüfen bzw. überprüfen zu lassen.

## Zusammenfassung – Hinweise für die Praxis

1. Nehmen Sie sich Zeit. Verhaltensänderungen geschehen nicht von heute auf morgen. Erinnern Sie sich, wie lange Sie gebraucht haben, um gut Auto zu fahren, eine neue Sportart oder eine neue Sprache zu erlernen.

2. Nehmen Sie sich maximal nur einen Trainingspunkt vor – z.B. „Besetzen des Erwachsenen-Ichs in Streß-Situationen". Erst wenn Sie diesen Punkt sicher beherrschen, nehmen Sie sich den nächsten Trainingspunkt vor, usw. Arbeiten Sie mit kleinen, überschaubaren, wirklich *realistischen* Teilzielen.

3. Wenn Sie nach einer Situation feststellen, daß es Ihnen nicht gelungen ist, sich wie gewünscht zu verhalten, so gehen Sie mit sich selbst freundlich um. Zum Beispiel: „Klasse, daß mir mein Verhalten jetzt bewußt ist. Das nächste Mal bin ich schneller und werde nüchtern und sachlich Fragen stellen aus dem Erwachsenen-Ich."

4. Belohnen Sie sich, wenn Ihnen Ihr neues Verhalten gelingt. Das kann durch eigene Anerkennung, durch die Freude über sich selbst oder durch ein ganz persönliches kleines Geschenk geschehen.

5. Schmunzeln Sie über Ihre „psychologische Trickkiste", und entwickeln Sie parallel dazu eine neue, konstruktivere.

6. Übernehmen Sie für sich selbst die Verantwortung. Es liegt an Ihnen, ob Sie in Ihrem Kopf weiterhin die Platte mit den Oldies automatisch ablaufen lassen oder aber die von Ihnen gewünschte neue Platte mit den aktuellen Hits auflegen.

7. Sehen Sie den Umgang mit sich selbst sportlich. Auch beim Fußball ist nicht jeder Schuß ein Tor.

# Gegenseitige Aufmerksamkeit und Beachtung

## Zuwendung

In der Transaktionsanalyse wird unter Zuwendung eine Art Kenntnisnahme von der Existenz anderer Menschen verstanden. Der Begriff Zuwendung ist wertfrei, sie kann also positiv oder negativ ausfallen – kann sich in Worten der Anerkennung ebenso äußern wie als Beleidigung, im Streicheln eines Kindes genauso wie durch Schlagen.

Positive Zuwendung ist der wichtigste Inhalt aller zwischenmenschlichen Beziehungen. Positive Zuwendung anderer signalisiert uns „Du bist o.k.". Ein Gefühl der Behaglichkeit und Zufriedenheit wird durch positive Zuwendung erzeugt und erfüllt die drei Grundbedürfnisse im menschlichen Leben: Anerkennung – Selbstwertgefühl – Sicherheit.

Obgleich jeder versteht, wie wichtig positive Zuwendung ist, wird sie am wenigsten angewandt und häufig sogar als unsinnig oder gefährlich verlacht.

Jeder Mensch versucht in seinem Arbeitsleben die ihm gestellten Aufgaben zu seiner eigenen und der allgemeinen Zufriedenheit zu erfüllen. Leider sehen viele Vorgesetzte dieses Verhalten als selbstverständlich an. Sie tun so, als ob positive Zuwendung – etwa in Form von Lob und Anerkennung – überflüssig sei. Manche halten sie sogar für gefährlich.

Die Gründe dafür, Zuwendung vorzuenthalten, sind unterschiedlich. Die einen haben Angst, durch Anerkennung Rivalen für die eigene Position aufzubauen. Oder sie glauben, Lob bewirke Faulheit beim zuvor Ausgezeichneten. Ein beliebtes Mittel, seine Untergebenen „kleinzuhalten", ist die negative Zuwendung, die signalisiert: „Du bist nicht o.k." Sie äußert sich in Worten wie: „Sie machen mal wieder alles falsch", „Mit Ihnen ist überhaupt nichts anzufangen", „Wann können Sie eigentlich mal fehlerfrei arbeiten?" und dergleichen mehr. „Dergleichen mehr" fällt jedem ein, der „typisch schlechte Eltern" mit ihren Kindern schimpfen hört.

Empfängt jemand, gleichgültig, ob er unterlegenes Kind oder untergebener Mitarbeiter ist, immer wieder negative Botschaften, wird es ihm schwerfallen, genügend Selbstbewußtsein aufzubauen, um sich als Persönlichkeit im Leben zurechtzufinden. Hier die Eltern, da der Vorgesetzte blockieren vorhandene Talente und Begabungen.

Kinder, die in ihrer frühen Entwicklungsphase keinerlei Zuwendung erhalten, sterben oder sind restlos verkümmert. Sicher ist, daß sie hoffnungslos in ihrer Entwicklung zurückbleiben, wie René Spitz schon um 1930 festgestellt hat. Spitz konstatierte nach eingehenden Untersuchungen, daß in sogenannten Findelheimen Kinder deshalb so häufig starben oder restlos unterentwickelt waren, weil sie zu wenig menschliche Wärme bekommen hatten. Sie hatten zwar ein Dach über dem Kopf, wurden ärztlich betreut und bekamen ausreichend zu essen. Es war aber niemand da, der sich um sie wirklich kümmerte.

In einer Vergleichsuntersuchung stellte Spitz dann fest, daß sich selbst Kinder, die extrem schlecht behandelt und sogar geschlagen wurden, dagegen relativ normal entwickelten. Für das Überleben ist es also zunächst gleichgültig, ob die Zuwendung positiv oder negativ ist. (Wenn auch, das sei nur der Form halber erwähnt, Liebe und warme Zuwendung besser tun als Hiebe und Haß.)

So läßt sich erklären, warum viele Menschen ständig dafür sorgen, daß sie negativ auffallen. Sie haben häufig schon die Hoffnung auf positive Zuwendung aufgegeben. Die Erfahrung, gleichgültig zu sein, wollen sie aber nicht auf Dauer machen. Da sie aber Zuwendung brauchen, um überleben zu können, sorgen sie für negative Zuwendung: Sie verursachen *unbewußt* Kritik, Tadel und Beschimpfung.

Wenn Ihnen dieser Prozeß bewußt ist und Sie dann die positiven Seiten bei diesem Menschen anerkennen, werden Sie häufig verständnislose oder skeptische Gesichter erleben.

Wir unterscheiden in der Transaktionsanalyse vier verschiedene Arten der Zuwendung:

**Positiv unbedingte Zuwendung**
*Beispiel:* „Ich mag Sie, finde Sie sympathisch, freue mich, daß ich Sie sehe!"

Nicht, weil Sie irgend etwas besonders gut können oder besonders gut machen, sondern ganz einfach, weil Sie da sind.

**Positiv bedingte Zuwendung**
*Beispiel:* „Ich freue mich, wie gründlich und korrekt Sie diese Arbeit ausgeführt haben."

Hier wird die Anerkennung an eine Bedingung geknüpft, in diesem Beispiel an die gute Ausführung der Arbeit.

Sie erkennen daran, wie wichtig diese Form der Zuwendung zum Lernen ist.

**Negativ bedingte Zuwendung**
*Beispiel:* „Ich mag es nicht, daß Sie auf dieser Seite 6 Tippfehler gemacht haben."

Hier bezieht sich die negative Zuwendung auf ein ganz bestimmtes Verhalten und nicht auf die Person.

Negativ bedingte Zuwendung ist genau wie positiv bedingte Zuwendung dringend erforderlich, um Neues zu lernen.

**Negativ unbedingte Zuwendung**
*Beispiel:* „Sie Idiot!"

Hier wird die Person als Ganzes abgewertet, also nicht begründet, warum man den anderen für einen Idioten hält.

Diese Form ist auf jeden Fall zu vermeiden.

Viele verstehen nun unter Zuwendung „Verteilen von Streicheleinheiten". Ich mag diesen Begriff überhaupt nicht, da er die Sache nicht trifft. Im Berufsleben ist es nun mal selten üblich, daß man sich – außer beim Händeschütteln – anfaßt. Ein derartiges Verhalten könnte auch zu deutlichen Mißverständnissen führen. Darüber hinaus hört sich der Begriff „Streicheleinheiten" auch nach Portionen an und läßt den Schluß zu, daß nur eine bestimmte Menge zu vergeben sei.

Ich verstehe unter diesem Konzept im Berufsleben zunächst einmal, daß Sie den anderen überhaupt wirklich beachten. Damit ist nicht gemeint, daß Sie ihn zwar optisch sehen, dabei tatsächlich aber innerlich in Ihren Gedanken verstrickt sind, sondern vielmehr, daß Sie den anderen interessiert wahrnehmen, ihn bewußt sehen.

Ein Beispiel aus dem Alltag soll verdeutlichen, was ich meine: Wenn Sie z.B. in einem Restaurant mit einem Freund essen und sich angeregt unterhalten – schauen Sie hoch, wenn die Bedienung die Getränke bringt? Oder reden Sie einfach weiter, und konzentrieren Sie sich auf Ihr Gespräch?

Wenn dies der Fall ist, signalisieren Sie der Bedienung nonverbal, daß sie eine untergeordnete Tätigkeit hat. Sie fühlt sich von Ihnen nicht als Mensch ebenbürtig behandelt.

Wenn Sie dagegen später beim Servieren der Getränke ganz einfach kurz unterbrechen und freundlich hochschauen, werden Sie feststellen, daß Sie anschließend mit mehr Zuvorkommenheit, Freundlichkeit oder aber auch ganz einfach schneller bedient werden als andere. Schön ist es, wenn Sie am Ende nicht nur ein ordentliches Trinkgeld geben – sofern Sie gut bedient wurden, sondern wenn Sie dies auch noch in Worten ausdrücken. Wenn Sie das nächste Mal in das gleiche Lokal gehen, werden Sie unter Umständen wahre Wunder erleben. Hier haben Sie übrigens ein sehr sicheres Experimentierfeld, wenn Sie künftig das Zuwendungs-Konzept der Transaktionsanalyse anwenden wollen.

Ähnlich ist es im beruflichen Bereich. Aufmerksamkeit, Beachtung und damit Zuwendung äußern sich zunächst einmal in der Form der Wahrnehmung, äußern sich in freundlichem Begegnen, Händeschütteln, Augenzwinkern, in der nonverbalen Aussage: „Ich finde Sie sympathisch". Wenn Sie sich später trauen, dies auch in Worten auszudrücken, also beispielsweise: „Ich schätze Sie", „Ich finde Sie sympathisch", „Ich freue mich, daß ich hier mit Ihnen arbeite" usw., werden Sie sehr schnell positive Veränderungen erleben. Voraussetzung ist allerdings, daß Sie nur das äußern, was Sie auch wirklich meinen. Wenn Sie dagegen positive Zuwendung als ein „Muß für einen guten Kollegen" oder „für einen guten Vorgesetzten" definieren oder sich zu solchen Äußerungen quälen, lassen Sie es lieber. Der andere spürt sehr schnell, daß es nicht aus Ihrem tiefen Inneren kommt und nicht ehrlich ist, und begegnet Ihnen mit noch größerem Mißtrauen.

Es lohnt sich, andere bei guten Leistungen zu „erwischen". Oder äußern Sie ganz einfach das spontan, was Ihnen gerade angenehm auffällt, z.B. eine neue Frisur, ein neues Kleid oder besonders gute Laune, kurz das, was Sie gerade wahrnehmen. Sie werden schnell feststellen, wie sich Ihre Beziehungen zu anderen positiv verändern.

In Seminaren höre ich von Teilnehmern, die in Führungspositionen sind, immer wieder: „Das hört sich ja alles ganz gut an. Aber wer sagt mir denn mal was Positives?" Viele Manager bekommen nur noch die kritischen, komplizierten und damit meist auch unerfreulichen Vorgänge auf den Tisch. Es geht oft nur noch darum, die Dinge, die schiefgelaufen sind, wieder in Ordnung zu bringen. Unangenehme Grenzentscheidungen sind zu fällen. Daß dies nicht nur die reine Freude ist, weiß jeder, der sich mit solchen Aufgaben beschäftigt. Daraus resultiert auch häufig, daß der Manager nur noch Fehler und damit den schlechten Teil der Arbeiten sieht. Wenn solche negativen Punkte dann in sehr konzentrierter Form auf dem Tisch liegen, ist der Manager oft überfordert, positive Punkte zu erkennen und dann auch noch anzuerkennen.

Hier ist es wichtig, daß der Vorgesetzte zunächst seine innere Bilanz wieder in Ordnung bringt, also sein persönliches T-Konto mit Soll und Haben. Andernfalls fällt es schwer, die eigene positive und optimistische Einstellung stabil zu halten. Wenn sich der Vorgesetzte selbst so behandelt, kann er auch in verstärktem Maße seine Mitarbeiter bei positiven Dingen „erwischen".

Je mehr Sie als Vorgesetzter Positives anerkennen, desto mehr erhöhen Sie die Wahrscheinlichkeit, daß auch Sie von Ihren Mitarbeitern positive Rückäußerungen erhalten. Kommunikation ist nämlich keine Einbahnstraße, und nach dem Gesetz „so wie man in den Wald hineinruft, so schallt es zurück" sind die Chancen recht groß, daß Sie irgendwann eine positive Geste, Zustimmung bei Äußerungen Ihrerseits oder auch ein freundliches Lächeln Ihrer Mitarbeiter wahrnehmen. Parallel dazu können Sie auch ein wenig nachhelfen, wenn Sie gerne einmal in Worten hören möchten, wie Sie bei Ihren Mitarbeitern ankommen.

Am Ende eines Beurteilungsgespräches können Sie fragen: „Wie ist es Ihnen während dieses Gespräches mit mir gegangen?"

Genauso können Sie fragen, wenn Sie zwei Streithähne hatten, die Sie als Schiedsrichter angerufen haben und denen Sie in einem Gerichtssaal-Spiel erfolgreich begegnet sind. (Einzelheiten zu *„Psychologischen Spielen“* finden Sie in den Kapiteln „Konflikte mit gleichem Muster“, Seite 77, und „Lieblingsspiele in der Arbeitswelt“, Seite 87.)

## Feedback*

Als ich die Transaktionsanalyse mehr und mehr in meinen Betrieb integrierte, habe ich mich zunächst nur zögernd getraut, mir „Feedback“ zu holen. Dieser Begriff war uns aus zahlreichen Seminaren bekannt. Unüblich war es allerdings, daß ich mir als Chef Feedback holte. So fragte ich am Ende einer Diskussionsrunde: „Ich hätte gerne noch gewußt, wie Ihnen meine Diskussionsleitung gefallen hat. Dies ist für mich wichtig, damit ich meine Moderation optimieren kann.“ Zunächst war diese Form recht ungewöhnlich, und es traute sich kaum einer, etwas Negatives zu sagen. Im Laufe der Zeit wurde das Feedback an den Chef eine ganz normale Einrichtung.

Heute ist es so, daß wir Feedback als eine Art Pflichtfach eingeführt haben. Feedback ist für jeden wichtig, um Selbstsicherheit und auch Sicherheit für seine Arbeit zu erlangen. Neue Mitarbeiter holen sich mindestens einmal im Monat Feedback von Ihrem Vorgesetzten. Alle, die schon lange dabei sind, erhalten ein- bis zweimal pro Jahr ein ausführliches Gespräch mit mir, in welchem sie beurteilt werden. Ohne Feedback ist Entwicklung schwerer möglich, da man sein eigenes Verhalten nur begrenzt wahrnehmen kann.

„Feedback an den Diskussionsleiter“ ist heute ein fester Tagesordnungspunkt bei allen Besprechungen. Dabei spielt es keine Rolle, ob es sich um Qualitätszirkel, Abteilungsleiter-Besprechungen, monatliche Vertriebsbesprechungen oder Geschäftsleitungsbesprechungen handelt. Da die Diskussionsleiter innerhalb dieser Arbeitskreise

---

* Feedback = Rückmeldung. Beispielsweise bei Rollenspielen geben die übrigen Seminarteilnehmer dem Rollenspieler Feedback. Sie sagen ihm in Ich-Botschaften, wie sie ihn erlebt haben.

ständig wechseln (jeder Teilnehmer wird also auch Moderator), ist das Konzept der Zuwendung fester Bestandteil unserer Organisation geworden.

Folgende Rahmenbedingungen haben sich dabei als hilfreich erwiesen:

***Regeln für Feedback***

1. Beschreiben Sie Ihr persönliches Erleben, sagen Sie möglichst konkret, wie es Ihnen bei welchen Aussagen ergangen ist. Je präziser Sie das Verhalten des anderen und Ihre emotionalen Reaktionen darauf beschreiben können, desto hilfreicher ist es.
2. Beginnen Sie zunächst positiv; der andere wird Ihnen um so aufmerksamer zuhören.
3. Formulieren Sie dann das, was Sic als negativ, störend oder falsch erlebt haben. Beschreiben Sie in Ich-Botschaften Ihre ganz persönliche Sichtweise.
4. Wer Feedback erhält, rechtfertigt sich nicht. Er hört interessiert und aufmerksam zu. Er vergegenwärtigt sich: „Jeder hat aus seiner Sicht recht."

Konkret hört sich das beispielsweise so an: „Herr Müller, ich fand Ihre Diskussionsleitung sehr konzentriert. Ich hatte den Eindruck, daß Sie völlig unparteiisch waren und mit freundlicher Konsequenz uns zum Thema zurückgeführt haben, wenn wir es verlassen haben. Bei meinem Beitrag über Fahrzeuge schauten Sie zwei- bis dreimal auf Ihre Armbanduhr. Das signalisierte mir, ich solle mich kürzer fassen. Ich fand das nicht gut, denn ich hätte gerne hier ausführlicher gesprochen."

## Das Kritik-Gespräch

An diesem Beispiel erkennen Sie, daß die Umsetzung dieses Konzeptes der Transaktionsanalyse nicht identisch mit „Verteilen von Streicheleinheiten" ist. Für mich gehört zum Tagesgeschäft, daß ich sowohl mir angenehm auffallende Punkte sofort ausspreche als auch mich störende Punkte. Dabei spielt aber die Form eine entscheidende

Rolle. Ich könnte z.B. sagen: „Sie kommen ewig zu spät, sind liederlich in der Arbeit, und wenn Sie so weitermachen, dann fliegen Sie raus." Oder: „Ich stelle fest, daß Sie Mühe haben, pünktlich zu kommen." „Ich habe hier drei Fälle, wo Sie nicht unserem Qualitätsanspruch gemäß gearbeitet haben. Ich bin mir zur Zeit auch nicht sicher, ob Sie Ihre Leistung so verbessern können, daß Sie unserem Qualitätsstandard entsprechen. Wenn Sie die angesprochenen Punkte nicht ändern können, werde ich die Zusammenarbeit mit Ihnen beenden."

Am Ende läuft es scheinbar auf das gleiche hinaus. Die Formulierung, aber auch die Qualität der Begegnung sowie der Beziehung zeigen jedoch deutliche Unterschiede.

Heute ist es in unserem Betrieb ganz normal, daß sich Vorgesetzte wie Kollegen darüber freuen, wenn beispielsweise ein Auftrag gerade hereingeholt wird. Das führt immer wieder zu Begeisterungsstürmen und zu spontaner Anerkennung, Händeschütteln oder – wenn die Beteiligten sehr miteinander vertraut sind – zu Schulterklopfen. Daß der Stimmungspegel danach hochgeht und solche Emotionen das Betriebsklima positiv beeinflussen, wird jedem einleuchten.

### *Praktische Hinweise für das Kritik-Gespräch*

Das Kritikgespräch fordert, daß ich mich mit dem Kritisierten sehr intensiv auseinandersetze und mich ihm zuwende. Folgende Punkte sind dabei wichtig:

1. Vergegenwärtigen Sie sich die objektiven Relationen von positiver und negativer Arbeit. Erstellen Sie dazu ein T-Konto für den Mitarbeiter, bestehend aus Soll und Haben. Schreiben Sie also auf, was er/sie gut macht, und auf der anderen Seite, was Sie jetzt konkret beanstanden.
2. Nennen Sie nüchtern und sachlich die Fakten.
3. Sagen Sie, wie Sie sich die Arbeit dort ganz konkret vorstellen, formulieren Sie also Ihre Ziele exakt.
4. Wenn es Ihnen notwendig und für den Mitarbeiter verkraftbar erscheint, schildern Sie Ihre eigene emotionale Situation – z.B. Ihren Ärger in Form von Ich-Botschaften.
5. Beurteilen Sie die Gesamtarbeit des Mitarbeiters noch einmal, und stellen Sie die positiven Anteile besonders heraus.

6. Bestätigen Sie, daß Sie weiterhin Vertrauen in die korrekte Arbeit Ihres Mitarbeiters haben.
7. Achten Sie ständig auf Ihre Grundposition: „Sie sind o.k. – ich bin o.k.!“

## Zusammenfassung – Hinweise für die Praxis

1. Aufmerksamkeit, Beachtung und Anerkennung sind für uns alle lebensnotwendig.
2. Überprüfen Sie, ob Sie Ihre Mitmenschen auch wirklich bewußt wahrnehmen.
3. „Erwischen“ Sie die anderen bei positiven Dingen, und äußern Sie das, was Ihnen aufgefallen ist, ganz spontan. Zeigen Sie Ihre Freude.
4. Wenn Sie feststellen, daß Sie persönlich zu kurz kommen, so fragen Sie ganz konkret, wie andere Sie beurteilen.
5. Schreiben Sie täglich am Ende eines Tages auf, was Sie an diesem Tag gut und besonders gut gemacht haben. Führen Sie regelmäßig Ihr persönliches Tagebuch.

# Einstellungen gegenüber sich selbst und anderen

## Grundpositionen

Die Art der Zuwendung, die wir verteilen oder die wir erhalten, hängt auch in entscheidendem Maße von der Einstellung uns selbst und anderen gegenüber ab. Eine bestimmte Grundposition entscheidet darüber, welche Art der Zuwendung wir anderen zukommen lassen bzw. welche wir für uns annehmen. In der Transaktionsanalyse unterscheiden wir folgende vier Grundpositionen:

### *1. Ich bin nicht o.k. – Du bist o.k.*

- Dies ist eine eher depressive Grundposition.
- Die Menschen mit dieser Haltung trauen sich selbst überhaupt nichts zu, wirken überangepaßt, ängstlich, fühlen sich vom Schicksal benachteiligt. Bei psychologischen Spielen nehmen sie meistens die Opferrolle ein.

### *2. Ich bin o.k. – Du bist nicht o.k.*

- Das ist eine eher arrogante Grundposition.
- Es handelt sich hier um Menschen, die Fehler nie bei sich selbst, sondern ausschließlich bei anderen suchen. Sie wissen immer gleich, wo die Schuldigen zu finden sind. Bei psychologischen Spielen ist die Verfolger-Position ihre favorisierte Rolle.

### *3. Ich bin nicht o.k. – Du bist nicht o.k.*

- Das ist eher eine verzweifelte Grundposition.

- Menschen mit dieser Grundeinstellung sind im Regelfalle ernsthaft gefährdet und brauchen fachkundige Beratung bzw. Psychotherapie.

#### *4. Ich bin o.k. – Du bist o.k.*

- Das ist die in der Transaktionsanalyse angestrebte Grundposition.
- Diese Grundposition einzunehmen, ist nicht schwierig bei guten Freunden oder bei Menschen, an denen ich praktisch nichts Störendes entdecke.
- Schwieriger wird es schon, diese Position beizubehalten, wenn ich mehrere Punkte als störend empfinde. Diese Grundposition bedeutet, daß ich – auch wenn ich deutliche Kritik am anderen in der Sache übe – den Menschen selbst unangetastet lasse. Die Auseinandersetzung wird also ausschließlich um die Sache geführt. Es werden Ergebnisse diskutiert, dabei wird der Gesprächspartner aber in keiner Weise abgewertet oder verletzt.
- Wenn Sie diese Grundposition einnehmen, haben Sie *das* Erfolgsrezept für erfolgreiche Kommunikation in Händen.

## Zusammenfassung – Hinweise für die Praxis

1. Die innere Grundeinstellung bestimmt Ihr Verhalten und seine Wirkung auf andere.
2. Streben Sie die Grundposition „Ich bin o.k. – Du bist o.k." an.
3. Führen Sie für sich selbst ein T-Konto mit Soll und Haben (= Negativem und Positivem). Sie erhalten so eine realistischere Betrachtungsweise von sich selbst.
4. Führen Sie ein T-Konto für den, dessen Verhalten Sie stört und den Sie als „nicht okay" empfinden.
   Sie sehen so nicht nur die negativen Seiten. Es wird Ihnen – wenn Sie die positiven Aspekte schwarz auf weiß vor sich haben – deutlich leichter fallen, die angestrebte Grundposition „Ich bin o.k. – Du bist o.k." einzunehmen.

# Aufbau der menschlichen Psyche – Menschliches Verhalten

## Ich-Zustände

Bestimmt haben Sie sich auch schon über das unterschiedliche Verhalten von Menschen gewundert. Ein und derselbe Mensch kann sich in einer anderen Umgebung oder auch im Kontakt mit verschiedenen Menschen völlig unterschiedlich verhalten. So kann der korrekte, höfliche, etwas trockene Manager stets sachlich und rational am Arbeitsplatz wirken, während er abends auf der Kegelbahn ausgelassen und fröhlich ist. Oder schauen Sie sich die jubelnden Zuschauer an, wenn die favorisierte Fußballmannschaft ein Tor geschossen hat. Der Jubel von fußballspielenden Kindern bei einem Tor sieht für mich sehr ähnlich aus.

Als weiteres Beispiel sei hier auch das Verhalten der Menschen am Grabe eines lieben Angehörigen aufgezeigt. Dieses Verhalten ist häufig mit dem meist ruhigen, sachlichen, überlegenen Verhalten eines Erwachsenen nur schwer in Einklang zu bringen.

Um das unterschiedliche Verhalten ein und desselben Menschen zu erklären, hat der amerikanische Psychologe Eric Berne in den sechziger Jahren sein Modell der Ich-Zustände entwickelt. Berne benutzte bewußt die Umgangssprache, damit auch der psychologische Laie ihn verstehen konnte. Dabei ist zu beachten, daß Berne die Begriffe seines Modells vom Aufbau der menschlichen Psyche wertneutral verstanden wissen will, obwohl in unserer heutigen Umgangssprache bei einigen Begriffen schon Wertungen sprachlich eingebaut sind. Halten Sie sich vor Augen, daß selbst Begriffe wie „kritisches Eltern-Ich“ oder „rebellisches Kind-Ich“ wertneutral verstanden werden sollen. Wenn Sie schon werten, so halten Sie sich sowohl die positiven als auch die negativen Aspekte vor Augen.

Berne unterscheidet ein strukturelles und ein funktionales Modell. Während das strukturelle Modell den inneren Aufbau der Psyche darstellt, zeigt das funktionale Modell die Handlungsweisen, also Aktion und Reaktion, auf. Wir beschäftigen uns in diesem Buch in erster Linie mit dem funktionalen Modell.

Jeder Ich-Zustand ist eine in sich geschlossene Einheit bestehend aus:

**Denken** **Fühlen** **Handeln**

| | | |
|---|---|---|
| **Eltern-Ich-Zustand** | ⇦ | Wer denkt, handelt und fühlt, wie er es an seinen Eltern beobachtet hat, befindet sich in seinem Eltern-Ich-Zustand. |
| **Erwachsenen-Ich-Zustand** | ⇦ | Wer sich mit der gegenwärtigen Realität auseinandersetzt, Tatsachen sammelt und sie objektiv verarbeitet, befindet sich in seinem Erwachsenen-Ich-Zustand. |
| **Kind-Ich-Zustand** | ⇦ | Wer fühlt und handelt wie damals, als er ein Kind war, befindet sich in seinem Kind-Ich-Zustand. |

Graphisch werden diese Ich-Zustände folgendermaßen dargestellt:

**Strukturelles Modell**

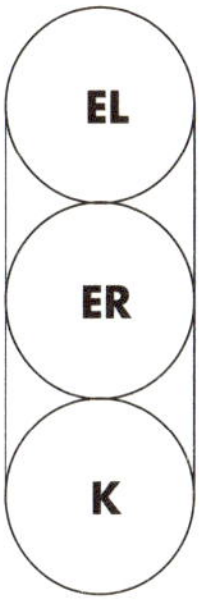


Eltern-Ich-Zustand

Erwachsenen-Ich-Zustand

Kind-Ich-Zustand

**Funktionales Modell**

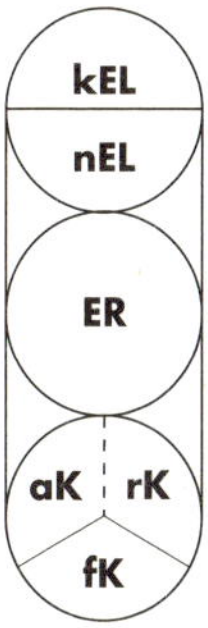


kritisches Eltern-Ich
nährend-fürsorgliches Eltern-Ich

Erwachsenen-Ich

angepaßtes Kind-Ich
rebellisches Kind-Ich
freies Kind-Ich

## *Der Eltern-Ich-Zustand*

Der Eltern-Ich-Zustand wird von uns besetzt, wenn wir

➤ **denken**
➤ **sprechen**
➤ **handeln**
➤ **reagieren**
➤ **fühlen**

wie es *unserem Empfinden nach* unsere Eltern oder andere Autoritätspersonen taten, als wir noch Kinder waren. Das bedeutet nicht, daß unsere Eltern sich auch tatsächlich so verhalten haben. Sie wurden aber von uns so erlebt, und dieses Erleben ist unlöschbar in uns gespeichert.

Das im Eltern-Ich gespeicherte Verhalten haben wir nicht nur von unseren Eltern, sondern auch von Eltern-Figuren – z.B. älteren Geschwistern, Lehrern, Großeltern und anderen – übernommen, die uns als Kleinkinder entsprechend beeinflußt haben. Dabei spielt es keine Rolle, ob diese Autoritätspersonen sich tatsächlich real so verhalten haben, wie wir sie – ähnlich wie auf einem Tonband – in uns abgespeichert haben. Das Verhalten dieser Autoritätspersonen haben wir ungefiltert übernommen.

Stellen Sie sich diesen unlöschbaren Speicher in Ihnen als Stereo-Tonband vor. Auf der einen Spur sind die gesprochenen Inhalte, so wie wir sie damals verstanden haben, abgespeichert. Auf der zweiten Spur haben wir Körperreaktionen, die mit dem damaligen Erleben verbunden waren – z.B. Gefühle, Geruch, Geschmack usw. – abgespeichert. Diese Erkenntnisse sind durch die Arbeiten des kanadischen Neurochirurgen Dr. Wilder Pentfield im Jahre 1951 experimentell belegt worden. Dr. Pentfield behandelte Epilepsie-Patienten. Im Verlaufe seiner Experimente wurden bestimmte Stellen des Gehirns eines unter örtlicher Betäubung stehenden Patienten mit Schwachstrom gereizt. Der Schwachstrom wurde mittels kleiner Sonden übertragen. Der Patient war bei vollem Bewußtsein und konnte sprechen. Berührte Pentfield eine bestimmte Stelle des Gehirns mit der elektrischen Sonde, so zwang er damit den Patienten, sich an Dinge zu erinnern, die er früher einmal wahrgenommen hatte, mittlerweile aber längst vergessen hatte. Berührte Pentfield dann eine andere Stelle des Gehirns, wurde eine andere Erinnerung hervorgerufen. Wiederholte Reizung der gleichen Stelle rief die gleichen Erinnerungen hervor.

Die Patienten erinnerten sich bis ins kleinste Detail. Es war so, als ob die Situation gerade im Moment wieder da sei. Sie erinnerten sich nicht nur an die Einzelheiten eines Ereignisses, sondern hatten die gleichen Empfindungen wie damals. Es war, als ob sie das Geschehen noch einmal erlebten.

Im *kritischen Eltern-Ich* sind Gebote, Verbote, Normen, Regeln, Ethik, Kritik, aber auch sämtliche Vorurteile abgespeichert.

Das *nährend fürsorgliche Eltern-Ich* ist für menschliche Wärme, Ermutigung, Hilfsbereitschaft verantwortlich, aber auch für übertriebene Fürsorge.

Abschließend ist festzuhalten, daß im Eltern-Ich von uns *ungeprüft* abgespeichert wurde.

## Beispiele für Eltern-Ich-Verhalten

*Nährend-fürsorgliches Eltern-Ich:*
Meister zum Auszubildenden, der sich nicht so recht an eine neue Aufgabe heranwagt: „Karl Heinz, versuch es ruhig, du schaffst das schon!"

Ältere, betriebserfahrene Kollegin zur neuen Kollegin: „Fräulein Schulze, kommen Sie alleine zurecht, oder soll ich Ihnen helfen?"

Ältere, erfahrene Sachbearbeiterin zur Auszubildenden, die die Arbeit schon seit einiger Zeit macht und auch zeitlich sehr gut klarkommt: „Laß mal sein, Katja, ich mache das schon für dich" (= überfürsorglich).

*Kritisches Eltern-Ich:*
Meister zum Facharbeiter: „Müssen Sie eigentlich immer nur Mist bauen?" (= überkritisch).

Chef zur Sekretärin (freundlich): „Frau Müller, bringen Sie mir bitte eine Tasse Kaffee!" Häufig wird dieser Satz als Erwachsenen-Ich definiert. Der Chef spricht aber aus dem kritischen Eltern-Ich; denn er erwartet keine Diskussion darüber, ob die Sekretärin den Kaffee bringt, sondern eine Anpassung. Erwachsenen-Ich wäre: „Frau Müller, wann können Sie es einrichten, mir eine Tasse Kaffee zu bringen?"

Sie erkennen an diesem Beispiel, daß kritisches Eltern-Ich durchaus nicht negativ wirken muß.

Manager zum Manager, sehr kompetent und bestimmt: „Herr Schulze, ich bin nicht bereit, diese Aufgabe zu übernehmen. Sie fällt eindeutig in Ihren Aufgabenbereich."

Vorgesetzter zum Angestellten, der unpünktlich kommt (herablassend): „Über Pünktlichkeit diskutiere ich nicht."

Vorgesetzter zur Mitarbeiterin: „Können Sie nicht einmal eine Sache ordentlich erledigen. Sie machen doch in der letzten Zeit nur noch Mist." (= überkritisch).

## Der Erwachsenen-Ich-Zustand

Im Erwachsenen-Ich-Zustand sind sämtliche eigenen Erfahrungen, die wir ganz bewußt erlebt haben, abgespeichert. Hier haben wir also nicht ungeprüft Verhalten oder Erfahrungen anderer übernommen, sondern ausschließlich Informationen und Situationen eigenen Erlebens abgespeichert. Stellen Sie sich das Erwachsenen-Ich als eine Datenbank vor, die nüchtern und sachlich Informationen gespeichert hat. Häufig benutzen Transaktions-Analytiker auch den Vergleich mit einem Computer.

Das Erwachsenen-Ich ist aktiv, wenn wir nüchtern und sachlich Fakten abwägen und wenn wir realitätsbezogen überlegen und emotionslos Pro und Contra einer Situation abwägen. Wenn wir uns in diesem Zustand befinden, handeln wir nüchtern und sachlich, kühl abwägend, emotionslos. Wir wägen leidenschaftslos Möglichkeiten und Wahrscheinlichkeiten aufgrund früherer, eigener Erfahrungen ab.

Ein Nachrichtensprecher gibt seine Informationen aus dem Erwachsenen-Ich-Zustand. Formulierungen des Erwachsenen-Ichs beziehen sich meist auf eine Sache und werden so vorgetragen, daß sie eine Diskussion zulassen. Sie haben nie dogmatischen Charakter. So erläutert beispielsweise der Meister dem Werksleiter in ruhiger, konzentrierter Form die Vorgehensweise zur Lösung eines technischen Problems. Der Werksleiter sammelt und verarbeitet die Informationen und die Hinweise des Meisters, stellt Fragen, vergleicht die einzelnen Vorschläge und diskutiert mit ihm in neutralem, sachlichem Ton über Lösungsmöglichkeiten.

Beide, der Meister und der Werksleiter, befinden sich im Zustand des Erwachsenen-Ichs. Ihre Gesten unterstreichen den gesprochenen Inhalt der Unterhaltung. Ihr Gesichtsausdruck ist offen, direkt und wechselt entsprechend der Situation.

Der Erwachsenen-Ich-Zustand ist bei folgenden Aufgaben nützlich: bei Problemlösungen, Diskussionen und konstruktiver Kritik, die Positives und Negatives gleichzeitig darstellt, sowie zur Bewältigung von allen Sachproblemen.

### *Beispiele für Erwachsenen-Ich-Verhalten*

Leiter der betriebswirtschaftlichen Abteilung zum Verkaufsleiter: „Herr Schmidt, die letzte EDV-Auswertung weist folgende Zahlen aus ..."

Abteilungsleiter zum Mitarbeiter (neutral, ohne Unterton): „Wieviel Zeit werden Sie für diese Aufgabe voraussichtlich benötigen?"

Team-Mitglied innerhalb einer Besprechungsrunde: „Ich erkenne im Moment verschiedene Aufgaben. Was halten Sie davon, wenn wir diese listen und gemeinsam festlegen, wer welche Aufgaben übernimmt?"

## Der Kind-Ich-Zustand

Sie kennen Situationen, in denen Sie das Verhalten eines Gesprächspartners belustigt auf „das Kind im Manne" zurückführen. Diese Beschreibung ist zutreffender, als Sie denken. In dem Kind-Ich-Zustand handeln, denken und fühlen die Menschen so, wie sie es in ihrer Kindheit getan haben.

Der Kollege, der fröhlich pfeifend, in verspielter Manier über den Flur geht, ist beispielsweise gerade von seinem Kind-Ich bestimmt. Hat er dann die Tür zum Konferenzraum hinter sich geschlossen, wird er meistens das Erwachsenen-Ich besetzen und z.B. sachlich die letzten geschäftlichen Daten vortragen.

Besetzen wir unser Kind-Ich, dann spielen, lachen, jauchzen, tanzen und singen wir. Wir empfinden Schmerz, Trauer, Angst, Enttäuschung, Eifersucht, Haß, Argwohn, Neid, Sehnsucht, Glück, Begeisterung und Liebe mit all ihren Schattierungen.

Im funktionalen Modell unterscheiden wir:

- *das angepaßte Kind-Ich,*
- *das rebellische Kind-Ich,*
- *das freie Kind-Ich.*

*Im angepaßten Kind-Ich* befinden wir uns, wenn wir gehorchen, uns gut benehmen, auswendig lernen, uns zurückziehen, uns schuldig fühlen, uns verschließen, schmollen, uns fürchten. Im wesentlichen orientiert sich dieser Ich-Zustand daran, was die anderen – zumindest vermeintlich – von uns erwarten.

*Das rebellische Kind-Ich* ist ebenfalls von den Forderungen oder Wünschen anderer beeinflußt. Nur entspricht es *nicht* den Wünschen anderer, sondern tut genau das Gegenteil. Aus diesem Grunde ist graphisch eine durchlässige Membran zwischen angepaßtem Kind-Ich und rebellischem Kind-Ich gezeichnet. Das heißt, die Energie kann jederzeit in beide Richtungen fließen. Also vom angepaßten Kind-Ich zum rebellischen Kind-Ich und umgekehrt. Im Grunde genommen handelt es sich beim rebellischen Kind-Ich um den gleichen Ich-Zustand wie beim angepaßten Kind-Ich, jedoch mit umgekehrten Vorzeichen. So läßt sich z.B. erklären, daß ursprünglich doch so folgsame und gut funktionierende Mitarbeiter mit einem Male nur noch alles falsch machen. Da läuft dann praktisch mit einem Mal überhaupt nichts mehr. Diese Mitarbeiter haben dann vom angepaßten Kind-Ich zum rebellischen Kind-Ich-Zustand gewechselt.

Ein besonders in der Arbeitswelt häufig vorkommender Anteil dieses Ich-Zustandes ist der „passiv" rebellische Kind-Ich-Zustand. Hier wird nicht laut schimpfend Anweisungen widersprochen, sondern es sieht nach außen hin so aus, als wenn es ein „Ja" wäre, innerlich steckt aber ein „Nein" dahinter. Die Reaktionen sind dann „das habe ich vergessen", „ich bin nicht dazu gekommen", „was soll ich denn sonst noch alles machen" oder „das war von vornherein nicht zu schaffen". Hier lohnt es sich also, sehr intensiv bei Anweisungen nachzuforschen, ob der Mitarbeiter auch wirklich die Anweisung ausführen möchte.

*Im freien Kind-Ich* finden wir das unbeeinflußte, natürliche Kind wieder. Es spielt, faulenzt, freut und ärgert sich, forscht neugierig umher, erfindet, lacht und weint nach seinem Gutdünken. Es ist spontan, kümmert sich nicht um Recht und Moral. Es ist also unabhängig von dem, was die anderen wünschen, also von Verhaltensregeln und Normen. Häufig handelt es egoistisch.

Ich habe oft als Gegenargument in Seminaren gehört: „Ich bin doch mittlerweile erwachsen und kein kleines Kind mehr." Beobachten Sie sich selbst einmal, wie Sie sich über ein Geschenk freuen, das Sie sich schon lange gewünscht haben, oder wie Sie mit Ihren Kindern ausgelassen spielen. Ich bin sicher, daß Sie manchmal das Kind in sich wiederfinden, und das ist auch gut so. Es wäre mit Sicherheit nicht wünschenswert, wenn wir uns von diesem wichtigen Persönlichkeitsanteil abspalteten.

Halten Sie aber auch hier fest, daß im Kind-Ich alles *ungeprüft* abgespeichert wurde.

### Beispiele für angepaßtes Kind-Ich-Verhalten

Kollegin zu Kollegin (zaghaft, unsicher): „Was hätte ich denn anderes machen sollen?"

Mitarbeiter zum Vorgesetzen, als er soeben eine neue Aufgabe erhält (geflissentlicher, unterwürfiger Ton): „Selbstverständlich, sehr gerne."

Die Ampel zeigt „rot". Sie halten an.

### Beispiele für rebellisches Kind-Ich-Verhalten

Auszubildender zum Auszubildenden (rebellischer Ton): „Der Meister kann mich mal, ich jedenfalls mach den Dreck für ihn nicht."

Angestellter zum Vorgesetzten, der ihm gerade eine Aufgabe übertragen hat: „Wieso immer ich, sehe ich doch gar nicht ein, das kann doch genausogut der Herr Schulze machen."

Ein Vorgesetzter hat mehrere Argumente für einen Standpunkt definiert, der konträr zu dem seines Mitarbeiters war. Mitarbeiter: „Na, wenn Sie meinen, dann machen wir es eben so." (Passiv rebellisch, hier ist der Mißerfolg vorprogrammiert).

### Beispiele für freies Kind-Ich-Verhalten

Kollege zum Kollegen: „Mensch, die Neue sieht wirklich Spitze aus."

Mitarbeiter geht fröhlich pfeifend über den Flur.

Chef zum Konstruktionsleiter, während er gerade eine neue Maschine besichtigt (voller Begeisterung): „Herr Klose, das ist wirklich eine echte Spitzenleistung von Ihnen und Ihrer Mannschaft. Herzlichen Glückwunsch!"

## Erkennen von Ich-Zuständen

Zum Erkennen von Ich-Zuständen reicht das geschriebene Wort allein nicht aus. Sie benötigen ergänzend dazu zwingend den Tonfall. Wenn dann noch allgemeines Verhalten, gewisse Formulierungen, Gesichtsausdruck, Gesten und Körperhaltung hinzukommen, können Sie im Regelfalle einen Ich-Zustand – zumindest nach gewisser Übung – schnell diagnostizieren. Die nachfolgende Tabelle wird Ihnen Ihre Arbeit erleichtern.

Halten Sie sich aber bitte vor Augen, daß ein sicheres Erkennen von Ich-Zuständen Zeit und Übung benötigt. Denken Sie daran, wieviel Zeit Sie gebraucht haben, um Autofahren zu lernen. Erwarten Sie also nicht, daß Sie bei der wesentlich komplizierteren Psychologie auf Anhieb alles richtig machen.

Was Sie hier modellhaft, klar, sauber und graphisch deutlich als Ich-Zustände kennengelernt haben, erleben Sie natürlich in Ihrem Inneren nicht in klar abgegrenzten runden Kreisen. Seien Sie sich ferner darüber im klaren, daß noch bei keiner Obduktion ein Ich-Zustand gefunden wurde.

Innerlich haben Sie z.B. „zwei Seelen in Ihrer Brust", „Sie können sich so recht nicht entscheiden", „haben eine Seite, die schon möchte, eine andere, die sich aber nicht entscheiden kann" oder sagen sich innerlich: „so etwas kann man doch nicht machen" usw.

Die Meisterleistung von Eric Berne liegt nun darin, daß er die inneren psychischen Abläufe und wie sie sich in Form von Verhalten nach außen hin darstellen, in seinem Modell der Struktur-Analyse und der funktionalen Analyse von Ich-Zuständen aufgezeigt hat. Es ist klar und verständlich, und mit einiger Übung werden Sie in der Lage sein, die verschiedenen innerlich ablaufenden Prozesse und auch die Verhaltensweisen nach außen hin erkennbar den verschiedenen Ich-Zuständen zuzuordnen. Dabei kann Ihnen die nachfolgende Tabelle eine Hilfe sein.

## Eltern-Ich

| **Eltern-Ich** | **kritisch** | **nährend-fürsorglich** |
|---|---|---|
| A. Allgemeines Verhalten | automatisch urteilend und wertend, ironisch, tadelnd, strafend, anklagend, Schuldige suchend, befehlend, autoritär, verbietend, dogmatisch, rechthaberisch, zurechtweisend, Grenzen ziehend | gütig, ermutigend, anerkennend, besorgt, mitfühlend, beschützend, unterstützend, beratend, hilfsbereit, tröstend, verstehend, bemutternd, überfürsorglich, anderen wenig zumutend, anderen alles abnehmend |
| B. Formulierungen | „Du mußt ..." „Du sollst nicht!" „Du darfst nicht." „Wie konntest du nur ..." „Man tut/man tut nicht," „Wie oft soll ich dir noch sagen ..." „Hör auf damit!" „Moment mal, so lasse ich mich nicht behandeln!" | „Sorg dich nicht." „Halb so schlimm." „Laß den Kopf nicht hängen." „Beruhige dich erst mal". „Du schaffst das schon." „Armer Kerl!" „Gut gemacht." „Ich kann Sie verstehen." „Kopf hoch ..." „Mach das lieber nicht. Das könnte gefährlich sein." „Komm, ich mache das schon für dich!" |
| C. Tonfall/Sprechweise | laut oder leise, hart, überheblich, spöttisch, ironisch, zynisch, sarkastisch, scharf, klar, potent | warm, beruhigend, mitfühlend |
| D. Gesichtsausdruck | gerunzelte Stirn, kritische Blicke, zusammengepreßter Mund, Augenbrauenrunzeln oder hochgezogene Augenbrauen, Naserümpfen, mißbilligendes Kopfschütteln, befremdeter Gesichtsausdruck | umsorgend, aufmunternd, zufrieden, glücklich, ängstlich-fürsorglich, interessiert-liebevoll |
| E. Gesten und Körperhaltung | erhobener Zeigefinger, Arme in die Hüfte stemmend, Arme vor der Brust verschränkt, breitbeinig | ausgestreckte Arme, Kopf tätscheln, Hand auf die Schulter legen |

## Erwachsenen-Ich

| **Erwachsenen-Ich** | |
|---|---|
| A. Allgemeines Verhalten | entspannt, sachlich, objektiv, zuhörend, interessiert, emotionslos, konzentriert, aufmerksam, Daten sammelnd und verarbeitend, Blickkontakt, aufgeschlossen, Fragen stellend, Alternativen entwickelnd und auswählend, autonom, vergleichend, kooperativ, nachdenklich, empfindsam |
| B. Formulierungen<br><br>Formulierungen des ER beziehen sich meist auf eine Sache. Sie werden so vorgetragen, daß sie eine Diskussion zulassen (nicht dogmatisch). | Alle Fragen mit: Wie? Was? Wann? Warum? Wer? Wo?<br>Aussagen mit: wahrscheinlich, möglich, verglichen mit, meiner Meinung nach, ich denke, ich glaube, meine Erfahrung, ich werde, usw. |
| C. Tonfall/Sprechweise | selbstbewußt (nicht überheblich), sachlich (nicht unpersönlich), neutral, ruhig, leidenschaftslos, klar und deutlich („Nachrichtensprecher") |
| D. Gesichtsausdruck | Gesicht dem Partner zugewandt, offen und direkt, Lidschlag alle drei bis fünf Sekunden, Blickkontakt, abwägend, nachdenklich, entspannt, aufmerksam, „aktives Zuhören", häufiger Wechsel des Gesichtsausdrucks entsprechend der Situation |
| E. Gesten und Körperhaltung | unterstreichende, angemessene Gestik, aufrechte Haltung, Wechsel der Körperhaltung, gerade Kopfhaltung (weder gesenkt = K, noch erhoben = EL), Oberkörper nach vorne gelehnt (interessiert) |

## Kind-Ich

| **Kind-Ich** | **frei** | **angepaßt** | **rebellisch** |
|---|---|---|---|
| A. Allgemeines Verhalten | unbekümmert um Umweltreaktionen, spontan, spielerisch, neugierig, schöpferisch, pfiffig, manipulativ, schadenfroh, überschäumend, begeistert, lässig, ausgelassen, tanzend, singend, springend, offen, lustig, traurig, echt, witzig, schamlos, neckend, ungeduldig, egoistisch, voller Energie, phantasiert, ist kreativ | schämt sich, schuldbewußt, vorsichtig, scheu, gehemmt, ängstlich, rücksichernd, beifallheischeind, sich produzierend, resigniert, hilflos, schmollend, folgsam, bescheiden, unsicher, zurückhaltend, niedergeschlagen, überfordert, Gefühle unterdrückend, klagend, gute Umgangsformen, Regeln und Vereinbarungen einhaltend | regt sich über die „Stärkeren oder Autorisierten" auf, launisch, zieht andere auf, aufsässig, frech, trotzig, wütend, gehässig, störrisch, aggressiv |
| B. Formulierungen<br><br>Formulierungen des K sind meist auf die eigene Person gerichtet oder drücken die eigenen Gefühle aus (Ich). (Vokabular des Wollens, Wünschens, Rühmens) | „Ich will/ich möchte, ich hätte gern" Superlative („Toll!" „Klasse!" „Spitze.") „Ist mir egal." „Ätsch!" | „Ich traue mich nicht." „Ich kann das bestimmt nicht." „Ich befürchte, ich möchte gern, ich will versuchen." „Wenn du meinst?" „Ist doch nicht meine Schuld." „Habe ich das gut gemacht?" „Ich wollte doch nur ..." „Warum immer ich?" „Was sollte ich denn machen?" Fremd- und Modewörter. „Man muß." „Ich sollte." | „Nun gerade nicht!" „Laßt mich in Ruhe!" „Verdammt noch mal!" |
| C. Tonfall/ Sprechweise | meist laut, hoch, übersprudelnd, sich überschlagend, traurig | leise, unsicher, stockend, weinerlich, zerknirscht, niedergeschlagen, devot, quengelnd, klagend, nörgelnd, folgsam, brav | wütend, laut, trotzig, motzend |

| Kind-Ich | frei | angepaßt | rebellisch |
|---|---|---|---|
| D. Gesichtsausdruck | zeigt Begeisterung, Erregung, Überraschung, offener Mund, glänzende Augen, verschmitzt, pfiffig, neugierig, Trauer, Tränen | Blick nach unten, zustimmend, zitternde/s Lippen/Kinn, feuchte Augen, nervös, verstohlener Blick, Takt, gutes Benehmen, rücksichtsvoll, verschlagen | verstockt, trotzig, abweisend |
| E. Gesten und Körperhaltung | angespannter oder entspannter Körper, verspielt, locker, müde, aufgeregt, händereibend | Hand heben, wenn man sprechen will, hängende Schultern, gesenkter Kopf, Knicks, „Diener", Strammstehen, Achselzucken, beißt sich auf die Lippen, verkrampft, freundlich, liebenswürdig | angespannt, drohend, trotzig, gesenkter Kopf, verkrampft |

***Tips zum Unterscheiden von kritischem Eltern-Ich und rebellischem Kind-Ich***

Häufig gibt es Schwierigkeiten beim Unterscheiden von kritischem Eltern-Ich und rebellischem Kind-Ich. Sie können diese Ich-Zustände relativ leicht unterscheiden, wenn Sie sich selbst in die Situation versetzen. Wenn Sie sich beispielsweise unterlegen erleben, werden Sie in aller Regel bei den zur Diskussion stehenden Äußerungen bzw. in Ihrem Verhalten im rebellischen Kind-Ich sein. Fühlen Sie sich hingegen überlegen, wissen Sie also die Situation besser einzuschätzen, empfinden Sie sich als klüger, dann besetzen Sie im Notfall das kritische Eltern-Ich.

## Zusammenfassung – Hinweise für die Praxis

1. Es gibt keinen guten oder schlechten Ich-Zustand. Jeder hat seine Vor- und Nachteile. Jeden Ich-Zustand zur freien Verfügung zu haben, ist ein erstrebenswertes Ziel für erfolgreiche Kommunikation.

2. Überprüfen Sie, ob Sie alle Ich-Zustände zur freien Verfügung haben, insbesondere in Konflikt-Situationen. Falls nicht: Entwickeln Sie die Ihnen nicht zur Verfügung stehenden.

3. Es gibt stets mehr als nur ein angemessenes Verhalten in einer bestimmten Situation. Experimentieren Sie mit den unterschiedlichen Möglichkeiten.

4. Stellen Sie fest, welchen Ich-Zustand Sie in Konflikt-Situationen favorisieren. Suchen Sie sich – rein theoretisch – einen denkbaren alternativen Ich-Zustand heraus. Schreiben Sie mögliche Sätze aus dem erwählten, angestrebten Zustand auf. Üben Sie solche kritischen Situationen vor Ihrem geistigen Auge, in denen Sie den ausgesuchten, alternativen Ich-Zustand einsetzen wollen.

5. Setzen Sie bei der nächsten Konflikt-Situation den neuen, gewünschten Ich-Zustand bewußt ein, auch wenn er zu Beginn aufgesetzt wirkt.

6. Beim praktischen Umsetzen im täglichen Leben werden Sie häufig erst *nach* der schwierigen Situation feststellen, daß Sie sich wie immer in Ihrem favorisierten Ich-Zustand befunden haben. Schimpfen Sie nun nicht mit sich selbst. Freuen Sie sich vielmehr darüber, daß es Ihnen aufgefallen ist. Beim nächsten Mal werden Sie schneller sein und schon während des Gespräches – und nicht erst nachher – feststellen, daß Sie sich wie immer verhalten haben. Der nächste Trainingsschritt wird dann sein, daß Sie innerhalb des Gespräches umschalten können auf den von Ihnen konstruktiver erlebten neuen Ich-Zustand.

7. Vermeiden Sie ein überkritisches Eltern-Ich. Es wirkt destruktiv und ist für eine erfolgreiche Kommunikation nicht nützlich.

8. Wenn Sie sich selbst im rebellischen Kind-Ich erleben, so analysieren Sie anschließend schriftlich, welche sachlichen Gegenargumente Sie haben bzw. warum Sie mit der Situation nicht einverstanden sind. Wenn Sie dann später diese Argumente sachlich aus dem Erwachsenen-Ich vortragen, werden Sie erfolgreicher

kommunizieren. Wenn Sie hingegen im rebellischen Kind-Ich verweilen, besteht die Gefahr, daß Sie von Ihrem Gegenüber um so mehr Druck erhalten oder unter Umständen Disziplinierungsmaßnahmen erleiden müssen.

9. Finden Sie heraus, welchen Ich-Zustand Sie in Krisen-Situationen meistens besetzen.

10. Überlegen Sie, welcher Ich-Zustand für eine Konfliktlösung hilfreicher für Sie ist.

11. Schreiben Sie sich auf, wie Ihre Aussagen und Gefühle sein werden, wenn Sie die gleiche Situation vorfinden.

12. Spielen Sie dann die Situation vor Ihrem geistigen Auge durch.

13. Beachten Sie: Niemals mit zwei Strategien gleichzeitig experimentieren, sondern immer nur mit einer (= Salami-Taktik).

### *Salami-Taktik*

Versuchen Sie, in eine komplette Salami hineinzubeißen. Das ist nur schwer oder gar nicht möglich. Wenn Sie sie in dünne Scheiben schneiden, ist es ein echter Genuß, Salami zu essen. Daher der Name Salami-Taktik, d.h. nie zu große Brocken auf einmal.

# Zwischenmenschliche Begegnungen – Transaktionen

Bis jetzt haben wir uns den Aufbau der Psyche einer Einzelperson angesehen. Wir kennen die verschiedenen Ich-Zustände und haben gelernt festzustellen, welcher Ich-Zustand gerade aktiv ist.

Den Umgang mindestens zweier Menschen miteinander untersuchen wir in der *Transaktionsanalyse*. Eric Berne definiert eine Transaktion so:

> „Eine Transaktion besteht aus einem Reiz, genannt Stimulus (S), und einer Reaktion (R) zwischen zwei bestimmten Ich-Zuständen."

Graphisch dargestellt sieht die Transaktion folgendermaßen aus:

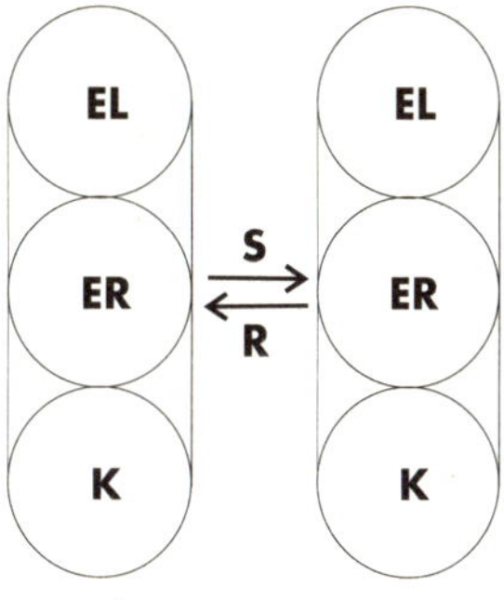

Unter Transaktionen wird also jeder beliebige verbale und/oder nonverbale Austausch zwischen mindestens zwei Personen verstanden. Die Transaktion stellt die Grundeinheit aller zwischenmenschlichen Beziehungen dar und kann sich in sachlichen Worten, skeptischen Blicken, Händeschütteln oder freundlichem Auf-die-Schulter-Klopfen äußern.

Hat man die Transaktionen, die sich in der zwischenmenschlichen Kommunikation abspielen, einmal durchschaut, erkennt man sehr schnell, warum die Kommunikation zwischen zwei Menschen konstruktiv ist oder warum es zwischen den beiden zu Störungen kommt.

Eric Berne unterscheidet drei verschiedene Transaktions-Formen, die wir uns jetzt näher ansehen wollen.

## Parallele Transaktionen

(Diese werden auch einfache, gleichsinnige oder komplementäre Transaktionen genannt.)

Parallele Transaktionen erkennen Sie daran, daß der Gesprächspartner jeweils aus dem Ich-Zustand reagiert, den sein Gegenüber angeregt hat. Sie können zwischen jedem beliebigen Ich-Zustands-Paar, das der Sender und der Empfänger gerade besetzt haben, ablaufen. Es sind an der Kommunikation also immer nur zwei Ich-Zustände beteiligt. Die Pfeile laufen in der graphischen Darstellung parallel.

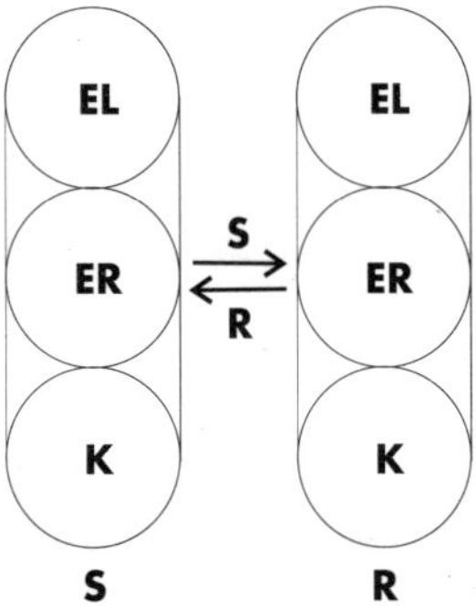


*S:* „Haben Sie die Sendung abgeschickt?"
*R:* „Ja, sie ging heute per Expreß ab."

**1. Kommunikationsregel:**
Parallele Transaktionen können unendlich weitergehen.

Auch hier gilt wieder die eingangs erwähnte Prämisse, daß sämtliche TA-Begriffe wertneutral sind. Die Aussage, daß parallele Transaktionen unendlich weitergehen können und das Gespräch im Fluß bleibt, heißt noch lange nicht, daß die Kommunikation konstruktiv ist.

***Beispiel für eine parallele Transaktion:***

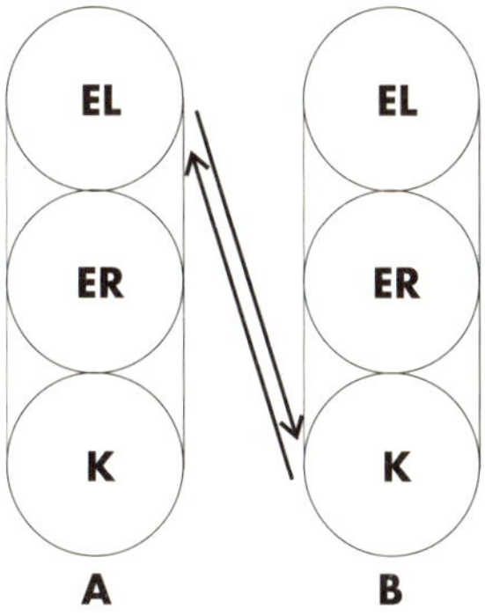


*A:* „Wie oft muß ich Ihnen die Sache noch erklären? Können Sie nicht einmal vernünftig zuhören?"

*B:* „Ich weiß, ich habe das letzte Mal wirklich nicht aufgepaßt. Es tut mir auch sehr leid. Würden Sie noch mal so nett sein?"

*A:* „Das muß aber wirklich das letzte Mal sein, sonst suche ich mir einen anderen."

*B:* „Ich geb' mir wirklich Mühe, und Sie können sich fest auf mich verlassen. Das wird bestimmt nicht wieder vorkommen."

Auch hier handelt es sich um parallele Transaktionen. Jeder Außenstehende wird aber diese Kommunikation nicht als harmonisch oder konstruktiv bezeichnen.

**Weitere Beispiele für parallele Transaktionen:**

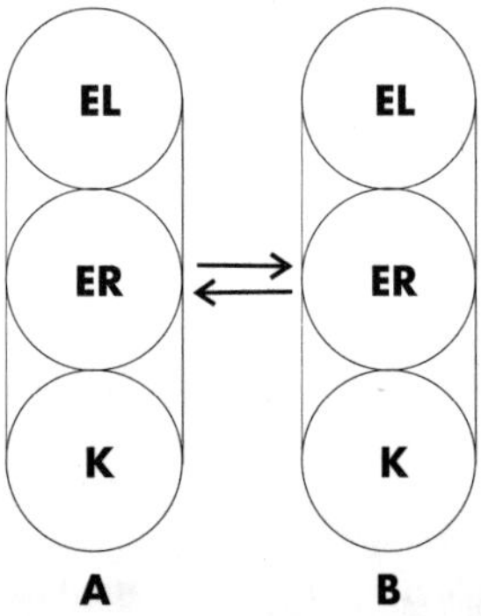


*Manager A:* „Wie stehen Sie dem neuen Projekt gegenüber?"

*Manager B:* „Grundsätzlich bin ich mit dem neuen Projekt einverstanden. Folgende Punkte gebe ich noch zu beachten ..."

**Beispiel für eine parallele Transaktion:**

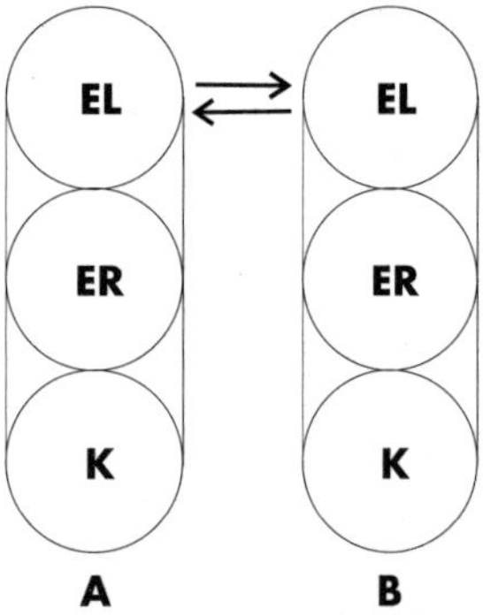


Zwei ältere Meister:

*Meister A:* „Die Jugend von heute hat wirklich keine Lust mehr zum Lernen. Früher bei uns war das alles anders."

*Meister B:* „Die hätten mal meinen Lehrmeister erleben sollen, dann würde ihnen Hören und Sehen vergehen."

***Beispiel für eine parallele Transaktion:***

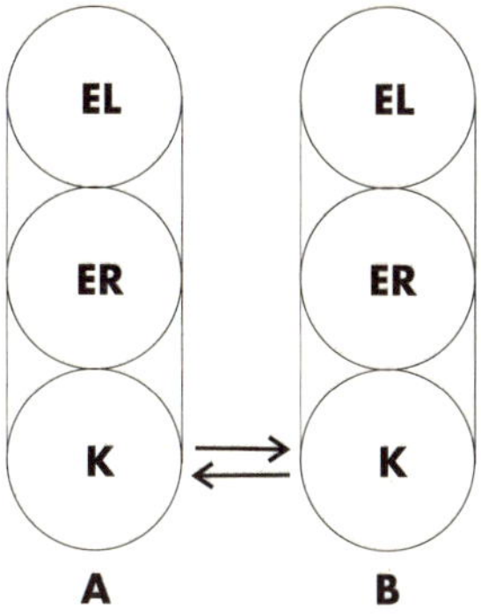


Zwei Entwicklungs-Konstrukteure über einen gemeinsam erarbeiteten Entwurf für eine neue Maschine:

*A:* „Mensch, Karl, das ist die Lösung, echt Spitze!“

*B:* „Das ist wirklich super, das wird die Erfindung des Jahrhunderts!“

## Gekreuzte Transaktionen

Gekreuzte Transaktionen stoppen den Gesprächsfluß und irritieren die Gesprächspartner.

„Weißt du, wo ich meinen Schlüssel hingelegt habe?“ „Halte gefälligst mehr Ordnung. Dann findest du auch deinen Kram!“

So oder ähnlich laufen tagtäglich Gespräche ab. Auf eine offensichtlich vernünftige Frage erhält man eine unpassende Antwort. Umgekehrt geschieht es oft, daß einer Ihrer Gesprächspartner anscheinend verständnislos auf eine Äußerung von Ihnen reagiert. Bestimmt waren Sie dann verdutzt, irritiert oder unter Umständen auch wütend oder hielten ganz einfach die Luft an.

In solchen Fällen hat etwas stattgefunden, was die Transaktionsanalyse als eine „gekreuzte Transaktion“ beschreibt: Das Gespräch bricht vorübergehend oder ganz ab.

Dieses Phänomen läßt sich nach Bernes Modell einleuchtend erklären: Die scheinbar unpassende Reaktion des Partners kommt nicht von dem Ich-Zustand, an den der Reiz (Stimulus) gerichtet war, sondern – unerwartet für den Absender des Stimulus – von einem anderen Ich-Zustand des Partners. Es sind also vier Ich-Zustände an der Kommunikation beteiligt.

***Beispiel für eine gekreuzte Transaktion:***

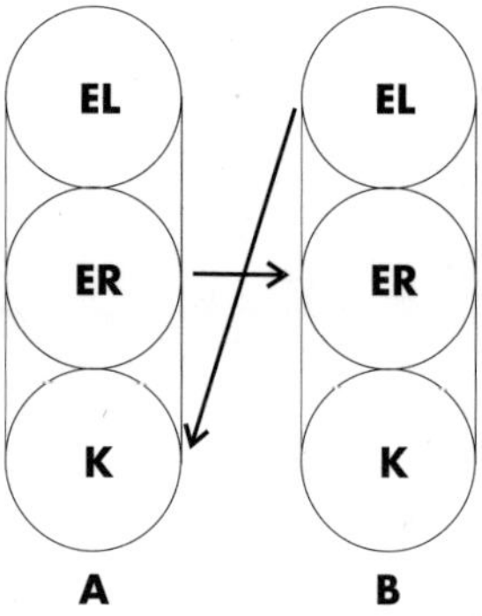


In der graphischen Darstellung kreuzen sich die Pfeile.

*A:* „Weißt du, wo ich meinen Schlüssel hingelegt habe?“

*B:* „Halte gefälligst mehr Ordnung, dann findest du auch deinen Kram!“

***2. Kommunikationsregel:***
Nach einer gekreuzten Transaktion bricht die Kommunikation vorübergehend zusammen.

Diese Kommunikationsregel ist wertneutral zu verstehen. Sie sagt lediglich aus, daß nach einer gekreuzten Transaktion die Kommunikation vorübergehend zusammenbricht. Über die Qualität der Kommunikation sagt sie dagegen nichts aus.

Im vorangegangenen Beispiel wird die Kommunikation jäh abbrechen. Sie werden andere Beispiele finden, wo durch eine gekreuzte Transaktion eine destruktive Form der Kommunikation beendet wird. Hier gilt erneut, wie bei allen Begriffen in der TA, daß die TA-Begriffe beschreibend, also wertneutral sind.

Bestimmt erinnern Sie sich an eine Reihe von Beispielen, in denen gekreuzte Transaktionen stattfinden. Auch Sie kennen wahrscheinlich Menschen, mit denen Sie kaum ein längeres Gespräch führen können, ohne daß es so oder ähnlich endet: „Mit dir kann man ja nicht reden!“, „Was meinst du denn damit?“, „Du verstehst mich überhaupt nicht“, „Was willst du eigentlich?“.

Die Gesprächspartner reden also aneinander vorbei, weil jeder nur an sich denkt oder den anderen nicht als ebenbürtig ansieht. Es kann sein, daß er Angst vor dem anderen hat, ihn geringschätzt oder aber auch ganz einfach seine Launen an ihm ausläßt.

***Weitere Beispiele für gekreuzte Transaktionen:***

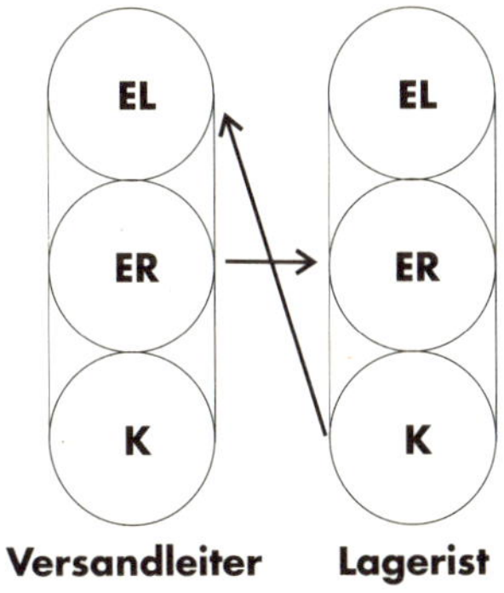


| | |
|---|---|
| *Versandleiter zum Lagerist:* | „Ist das Expreßpaket für die Firma Meier & Co. gestern noch rausgegangen?“ |
| *Lagerist:* | „Was hab ich damit zu tun, fragen Sie doch den Meier.“ |

***Beispiel für eine gekreuzte Transaktion:***

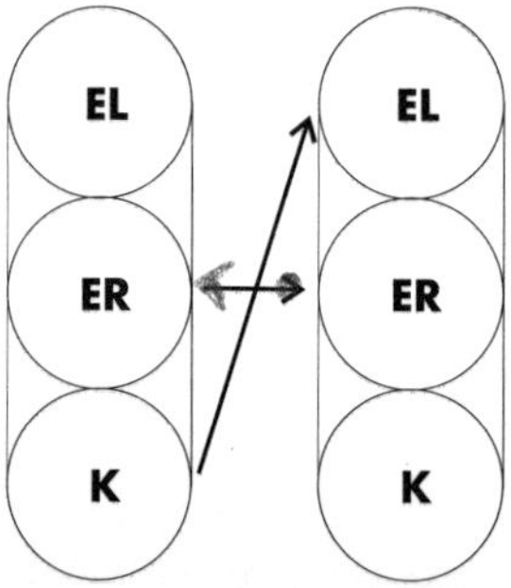


**Mitarbeiterin Vorgesetzte**

*Mitarbeiterin (verzagt) zur Vorgesetzten:* „Können Sie mir sagen, wie ich das hier machen soll?“ (Es handelt sich um eine Tätigkeit, die sie des öfteren schon richtig gemacht hat.)

*Vorgesetzte (freundlich):* „Wie haben Sie es denn bisher gemacht?“

Hier reagiert die Vorgesetzte ganz bewußt nicht aus dem stimulierten Ich-Zustand des nährend-fürsorglichen Eltern-Ichs, denn das würde in diesem Falle durch eine parallele Transaktion die Kommunikation stabilisieren. Nach der 1. Kommunikationsregel können parallele Transaktionen unendlich weitergehen, und die Mitarbeiterin käme also regelmäßig wieder mit unnötigen Fragen zur Vorgesetzten.

Um nun die Mitarbeiterin zum selbständigen Denken anzuregen, stimulierte diese Vorgesetzte ganz bewußt das Erwachsenen-Ich der Mitarbeiterin. Dies geht am besten durch W-Fragen (Fragen, die mit einem „W“ – Beispiele hier wären „warum“, „wie“, „weshalb“ – beginnen).

Die Mitarbeiterin wird zunächst verdutzt sein (= Zusammenbruch der Kommunikation). Sie wird dann aber in aller Regel nach einer gewissen Pause erklären, wie sie es bisher gemacht hat.

***Beispiel für eine gekreuzte Transaktion:***

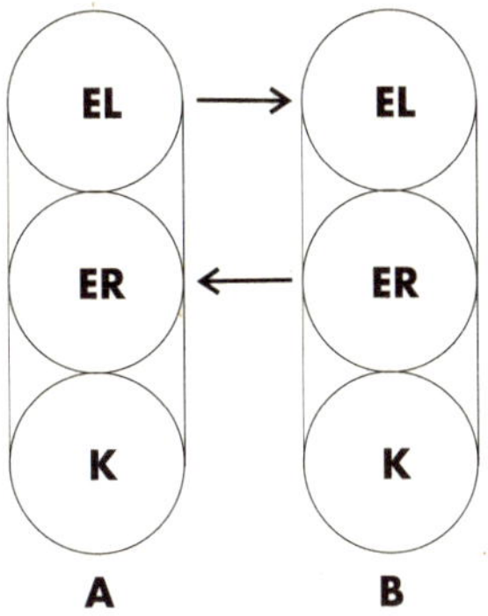


| | |
|---|---|
| *Meister A zum Kollegen B:* | „Die Jugend von heute ist wirklich das letzte. Wir hätten uns früher so etwas nicht erlauben können." |
| *Kollege B (freundlich):* | „Haben das nicht früher deine Meister auch schon gesagt?" |

Obwohl hier die Pfeile graphisch parallel sind, handelt es sich dennoch um eine gekreuzte Transaktion. Der Grund ist, daß hier insgesamt vier Ich-Zustände beteiligt sind bzw. die Reaktion nicht aus dem stimulierten Ich-Zustand kommt.

Meister A stimuliert das kritische Eltern-Ich seines Kollegen B. Er geht davon aus, daß dieser ins gleiche Horn tuten wird.

Die Reaktion kommt dann aus dem Erwachsenen-Ich des Kollegen B. Die Reaktion des Meisters A wird sein, daß er zunächst verdutzt ist. Dies ist gemeint, wenn die 2. Kommunikationsregel sagt, daß die Kommunikation vorübergehend zusammenbricht. Nach einer gewissen Pause wird er wahrscheinlich sagen: „Na ja, das stimmt schon. Ähnliches habe ich früher auch schon gehört." So verhält es sich auch bei dem nachfolgenden Beispiel einer *gekreuzten Transaktion:*

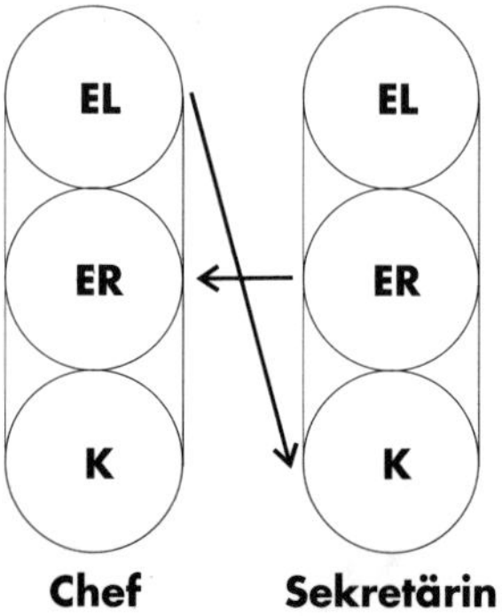


*Chef zur Sekretärin:* „Sie haben mal wieder kompletten Mist getippt."

*Sekretärin (souverän):* „Ich sehe ein, daß ich drei Tippfehler auf dieser Seite hatte. Wie beurteilen Sie den übrigen Teil meiner Arbeit?"

## Verdeckte Transaktionen

Auch Sie kennen Situationen, in denen ein Gespräch anscheinend ganz vernünftig verläuft. Gleichzeitig spüren Sie aber eine nicht ausgesprochene, zusätzliche Information. Diese äußert sich meistens im Tonfall, in der Körperhaltung, in Blicken o.ä., so daß „eigentlich" noch etwas ganz anderes gesagt wird, als nur das, was sich auf der verbalen Ebene abspielt.

Wir sprechen in solchen Fällen von verdeckten Transaktionen: Transaktionen, die sich auf zwei Ebenen gleichzeitig abspielen. Dabei bezeichnet Eric Berne die gesprochene, offenkundige als „soziale Ebene" und die verborgene (= das, was zusätzlich noch mitschwingt!) als „psychologische Ebene".

> ***3. Kommunikationsregel:***
> Verdeckte Transaktionen werden auf der verdeckten Ebene entschieden.

Beim Transaktions-Diagramm werden die soziale Ebene als durchgehender und die psychologische Ebene als gestrichelter Pfeil gezeichnet.

***Beispiel für eine verdeckte Transaktion:***

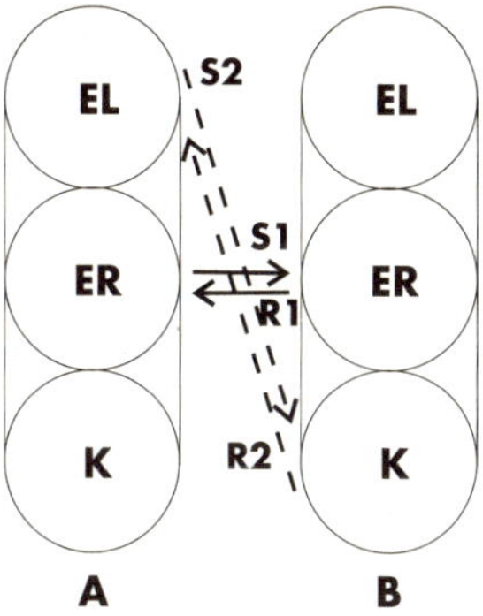


| | |
|---|---|
| *S 1: (soziale Ebene, gedehnt mit Unterton)* | „Haben Sie Ihre Aufgabe erledigt?" |
| *R 1:* | „Jaah, ich bin ja schon fertig." |
| *S 2: (psychologische Ebene)* | „Wie lange dauert das eigentlich noch?" |
| *R 2:* | „Mensch, lassen Sie mich doch endlich in Ruhe mit Ihrer ständigen Antreiberei." |

Sie alle kennen die Situation, daß jemand zu spät kommt und der, der gewartet hat, fragt: „Wissen Sie eigentlich, wie spät es ist?" Im Regelfalle werden Sie dann eine Entschuldigung als Antwort erhalten. Sie erkennen daran, daß automatisch auf den psychologischen Stimulus „Erklären Sie mir, warum Sie zu spät kommen?" reagiert wird.

Können Sie sich vorstellen, wie erstaunt der Frager wäre, wenn es hieße: „Ja, es ist 8.23 Uhr"?

### ***Weitere Beispiele für verdeckte Transaktionen:***

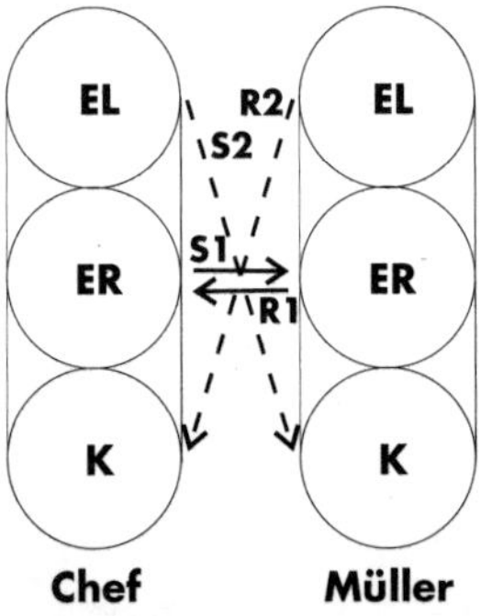


| | |
|---|---|
| *Chef:* | „Herr Müller (gedehnt), wo steckt denn eigentlich der Vorgang Daimler-Benz?" (Den haben Sie doch bestimmt wieder verbummelt). |
| *Müller:* | „Haben Sie schon mal auf Ihrem Schreibtisch nachgesehen?" (Wenn Sie bei sich Ordnung hielten, brauchten Sie mich nicht anzusprechen.) |

### ***Beispiel für eine verdeckte Transaktion:***

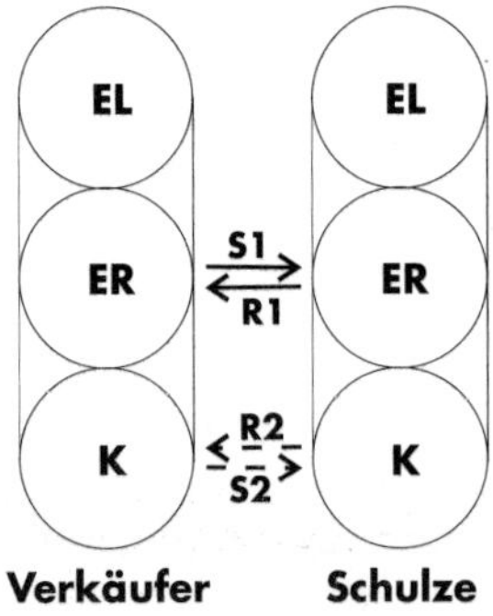


| | |
|---|---|
| *Verkäufer: (mit freudigen Augen)* | „Herr Schulze, schauen Sie sich diese exzellente Konstruktion an." (Ich bin selbst davon ganz begeistert und finde sie wirklich Spitze.) |
| *Herr Schulze: (freundlich)* | „Na, dann lassen Sie mal sehen, wo die Besonderheiten sind." (Sie haben mich neugierig gemacht. Ich will jetzt aber auch die Vorzüge wissen.) |

***Beispiel für eine verdeckte Transaktion:***

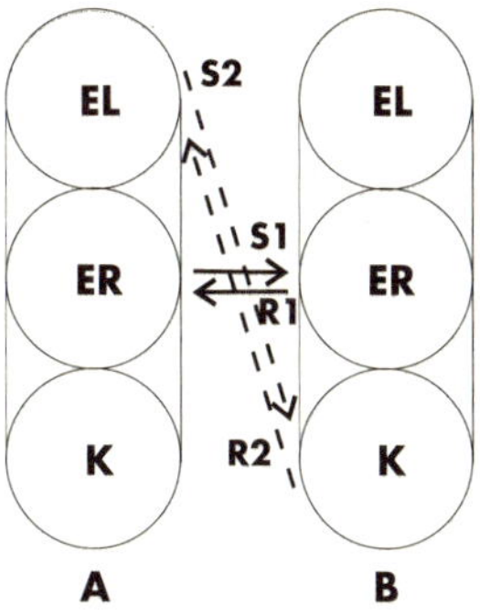


| | |
|---|---|
| *Sekretärin A: (herablassend)* | „Wo haben Sie denn den Mantel aufgetrieben?" (Das ist ja wohl wirklich das letzte. Wie kann man bloß so etwas anziehen!) |
| *Sekretärin B: (schnippisch)* | „Wenn ich Ihre Verbindungen hätte, könnte ich mir auch einen besseren leisten." (Wenn ich so reiche Freunde wie Sie hätte, ginge es mir finanziell auch besser.) |

## Zusammenfassung – Hinweise für die Praxis

1. Es gibt keine gute oder schlechte Form von Transaktionen. Jede hat ihre positiven und negativen Aspekte.

2. Es geht darum, daß Sie in kritischen Situationen flexibler agieren oder reagieren können.

3. Sie können also etwas tun. Zugegeben, es ist ein wenig unbequem. Sie haben aber keine Chance, den anderen zu einem Ihnen angenehmen Verhalten zu zwingen.

4. Nach dem Gesetz von Aktion und Reaktion ist die Wahrscheinlichkeit groß, daß, wenn Sie Ihr Verhalten ändern, Sie auch eine veränderte Reaktion bei Ihrem Gegenüber erhalten. Vielleicht nicht gleich beim ersten Mal und vielleicht auch nicht sofort.

Dann gilt es, daß Sie erneut mit verändertem Verhalten agieren. Im Regelfalle aus einem anderen Ich-Zustand.

5. Vermeiden Sie verdeckte Transaktionen, in denen auf der verdeckten Ebene Kritik oder Ärger mitschwingt. Äußern Sie lieber die Kritik offen und direkt, allerdings in angemessener Form. Das ermöglicht offene und klar definierte Beziehungen.

6. Verdeckte Transaktionen, bei denen auf der verdeckten Ebene mitschwingt: „Ich finde Sie sympathisch" oder: „Ich spreche oder arbeite gerne mit Ihnen", können Sie durchaus sinnvoll und konstruktiv einsetzen.

7. Parallele Transaktionen haben in vielen Fällen ihren Sinn, können aber auch langweilig sein. Gekreuzte Transaktionen sind in vielen Fällen nützlich, wenn sie bewußt und angemessen – konstruktiv – eingesetzt werden.

# Konflikte mit gleichem Muster

## Psychologische Spiele

Ich-Zustände und Transaktionen sind überschaubare, kleine Bausteine der Kommunikation. Wesentlich komplexer, damit aber zunächst auch schwieriger zu durchschauen, sind psychologische Spiele. Hier geht es um eingefahrene Verhaltensweisen, die sich regelmäßig wiederholen und bei denen das (bittere) Ende vorhersagbar ist.

Bestimmt kennen auch Sie Situationen, die sich praktisch mit schöner Regelmäßigkeit wiederholen. Situationen, bei denen Sie schon vorher wissen, wie das Ende aussieht. Innerlich denken Sie z.B.: „Fängt das schon wieder an?" Am Ende fühlen sich alle Beteiligten unwohl. Die Transaktionsanalytiker sagen, hier hat ein psychologisches Spiel stattgefunden.

1964 hat Eric Berne in seinem Buch *Spiele der Erwachsenen* solche Situationen methodisch untersucht und sie als psychologische Spiele modellhaft erklärt. Sein Verdienst liegt darin, daß er die einzelnen Schritte sehr exakt analysiert und beschrieben hat. Nunmehr ist es auch dem psychologischen Laien möglich, sie mit einiger Übung zu erkennen.

Die Spiel-Analyse von Eric Berne ist so klar wie Spielregeln beim Schach. Deshalb fällt es dem Laien oft schwer, sie von einer absichtlichen Strategie – in der TA sprechen wir auch von Manöver – zu unterscheiden. Halten Sie sich aber bitte vor Augen, daß Berne hier *unbewußt* ablaufende Prozesse beschrieben hat. Denn Spiele laufen ohne Erwachsenen-Ich-Bewußtheit ab. Wenn Sie sich die Unbewußtheit nicht stets bei der Analyse vergegenwärtigen, ist es nahezu unmöglich, daß Sie Ihren Gesprächspartnern (in diesem Falle Spielpartnern) noch konstruktiv begegnen können.

Jeder von uns spielt Spiele. Wir favorisieren bestimmte Spiele und engagieren uns dort stets unbewußt. Die meisten Spiele haben wir in unserer Kindheit gelernt. Sie waren für uns eine Möglichkeit, in der Familie gut zurechtzukommen. Häufig haben sie in der gegenwärtigen Situation keinen Sinn mehr, so daß es auch möglich ist, einen großen Teil der Spiele aufzugeben.

Wir beschäftigen uns hier ausschließlich mit den Spielen, die als negativ für eine erfolgreiche Kommunikation einzustufen sind. Natürlich gibt es auch Spiele, die keinen destruktiven Charakter haben – z.B. der Flirt. Wer sich mit dem Thema besonders ausführlich beschäftigen möchte, der lese das oben erwähnte Buch von Eric Berne *Spiele der Erwachsenen*.

## Analyse von psychologischen Spielen

Jedes psychologische Spiel hat bestimmte Gesetzmäßigkeiten:

> Ein Spiel besteht aus einer gleichen Abfolge verdeckter Transaktionen, die zu einem voraussagbaren Ergebnis führen und in unguten Gefühlen enden. Äußerlich scheinen die Transaktionen plausibel, sind aber von verborgenen Motiven beherrscht.

Die einzelnen Bausteine eines komplett ablaufenden Spieles lassen sich in verschiedene Elemente bzw. Schritte aufteilen. Voraussetzung für alle Schritte ist, daß das Spiel komplett abgelaufen ist. Häufig ist es aber auch so, daß mehrere Begegnungen notwendig sind, bis das Ende des Spiels erkennbar ist. Eine Scheidung von Ehepartnern sei hier erwähnt. Hier handelt es sich auch um ein über einen längeren Zeitraum laufendes Spiel. Beim Gang zum Rechtsanwalt bzw. beim Gang zum Scheidungsrichter ist dann erst das Ende des Spieles erkennbar.

Hier nun die einzelnen Schritte:

### Erster Schritt: „Trick"

Jedes Spiel fängt mit einem *„Trick"* an. Sie können sich diesen Trick bildlich so vorstellen, daß der Gesprächspartner A einen Köder für Gesprächspartner B auswirft. Der „Trick" besteht darin, daß Gesprächspartner A irgend etwas Wichtiges bei sich, beim anderen oder an der Situation ignoriert, übersieht oder *verzerrt*, d.h. also, wichtiger oder unwichtiger macht, als es in der objektiven Realität ist.

Bei sich *selbst* kann der Gesprächspartner A zum Beispiel seinen Ärger nicht wahrnehmen und so tun, als ob alles in Ordnung sei. Später wird er dann um so heftiger explodieren. Die Explosion steht dann aber für die übrigen Beteiligten in keinerlei Relation zum aktuellen Ereignis.

Beim *anderen* kann Spieler B zum Beispiel ignorieren, daß sein Gesprächspartner gerade im Aufbruch ist und somit keine Zeit mehr für ihn hat. Er kann übersehen, daß der von ihm gewählte Zeitpunkt einfach ungeeignet ist, um noch grundsätzliche Dinge mit seinem Gesprächspartner zu klären.

Die *Situation* kann ein Spieler mißachten, indem Gesprächspartner A mit Gesprächspartner B gerade ein vertrauliches Gespräch führen will, obwohl noch ein Gesprächspartner C im Raum anwesend ist.

Sprachlich können Sie Verzerrungen durch Worte wie „immer, nie, nur, keiner, jeder" feststellen. Wenn Sie solche Worte also hören, lohnt es sich, daß Sie die Situation und das Gespräch aus dem Erwachsenen-Ich heraus analysieren.

### Zweiter Schritt: „Wunder Punkt"

Damit nun ein Spiel entstehen kann, muß der „Trick" bzw. „Köder" des Gesprächspartners A auf einen *„wunden Punkt"* des Gesprächspartners B treffen. „Wunder Punkt" bedeutet in diesem Zusammenhang, daß Spieler B für den „Trick" des Spielers A besonders empfänglich ist. Häufig ist es so, daß Spieler B die Verzerrung von Spieler A übernimmt.

**Dritter Schritt: „Verdeckte Transaktionen"**

Nun gibt es eine längere „Diskussion". Übrige Anwesende spüren sofort, daß hier die sprachliche Ebene und die Beziehungsebene auseinanderklaffen. Unter der Oberfläche geht es eigentlich um etwas ganz anderes, als über das, was gerade gesprochen wird. Es handelt sich also um *„verdeckte Transaktionen"*.

**Vierter Schritt: „Wechsel des Ich-Zustandes"**

Nach dieser scheinbar „vernünftigen Diskussion" erfolgt dann *„ein Wechsel des Ich-Zustandes"*. Meistens wird jetzt offenbar, was schon vorher auf der *verdeckten Ebene* gelaufen ist. Wenn zunächst scheinbar vernünftig aus dem Erwachsenen-Ich heraus diskutiert wurde, auf der verdeckten Ebene aber das kritische Eltern-Ich beteiligt war, könnte z.B. ein Wechsel des Ich-Zustandes verbal sich so äußern: „Jetzt bin ich es aber wirklich leid, müssen Sie denn stets dann kommen, wenn ich gerade im Aufbruch bin?"

**Fünfter Schritt: „Verblüffung"**

Bestimmt können Sie sich das Gesicht vorstellen, das der Kollege macht, der im vorangegangenen Beispiel so angesprochen wurde.

Und genau das sagt auch Berne bei seiner Analyse aus. Dieser plötzliche Wechsel des Ich-Zustandes führt dann bei Beteiligten zum *„Moment der Verblüffung"*. Damit ist das Spiel für dieses Mal im Regelfalle auch zu Ende.

**Sechster Schritt: „Nutz-Effekt"**

Was äußerlich nicht mehr erkennbar ist, sich aber im Inneren der beteiligten Spieler abspielt, nennt die TA *„Nutz-Effekt"*. Das erscheint zunächst einmal unverständlich, da ja das Spiel für die Beteiligten mit unguten Gefühlen endet. Beide Spieler haben aber in irgendeiner Form ein *unbewußtes* Interesse an diesem Spiel und erhalten den von ihnen angestrebten „Nutz-Effekt". Der Nutzen kann zum Beispiel darin bestehen, daß man sich Zuwendung gesichert hat, wenn auch nur negative Zuwendung. Ein weiterer Nutzen kann darin liegen, daß durch das Spiel eine Situation vermieden wurde, die der Spieler sehr gefürchtet hatte. Der Nutzen kann ferner darin liegen, daß Verantwortung abgeschoben wurde. Es kann aber auch durch das

Spiel eine Grundposition bestätigt werden. Zum Beispiel: Ich bin o.k., Sie sind nicht o.k. Spiele dieser Art dienen unter anderem dazu, den Glauben an sich selbst, an die anderen und die Welt zu bestätigen.

Spiele haben häufig auch als Nutz-Effekt, Aufmerksamkeit und Beachtung beim anderen zu provozieren. Hier lohnt es sich ganz besonders, nach anderen Möglichkeiten der Beachtung zu suchen. Wenn Sie also regelmäßig Mitarbeiter, Kollegen, Freunde, Familienmitglieder dabei „erwischen", daß sie etwas gut machen und dies auch ganz spontan anerkennen, sind viele Spiele nicht mehr notwendig und werden nach und nach – wie von selbst – aufgegeben.

In vielen Betrieben ist es häufig so, daß gute Arbeit selbstverständlich ist. Viele Mitarbeiter fallen gar nicht mehr auf, und der Vorgesetzte kümmert sich nicht mehr um sie. Dagegen ist er intensiv beschäftigt, wenn ein anderer Mitarbeiter Fehler gemacht hat. Zwar sind diese Gespräche wenig erfreulich, aber der Kollege, der Fehler macht, wird wahrgenommen.

Unbewußt neigen dann einige Kollegen, die bisher sehr ordentlich arbeiteten, dazu, ebenfalls Fehler zu machen. Sie können sich diesen Fehler selbst und auch dem Kollegen gegenüber nicht erklären. Mit einem Male aber ist der Vorgesetzte präsent, und der Mitarbeiter bekommt Beachtung, wenn auch nur negative. Wie wir in dem Kapital „Aufmerksamkeit und Beachtung" (Seite 35) erfahren haben, ist aber Beachtung lebensnotwendig. Negative Beachtung ist besser als gar keine.

Wenn der Vorgesetzte regelmäßig gute Arbeit anerkennt, ferner seinen Mitarbeitern das Gefühl gibt, daß er sie braucht und daß sie seine Wertschätzung haben, wird sich das Abteilungs- bzw. das Betriebsklima positiv verändern.

Viele Spiele und damit immer wieder ablaufende negative Kommunikations-Prozesse werden deutlich reduziert. Alle haben mehr Spaß an der Arbeit, arbeiten effizienter, und die Fehlerquote wird im Regelfalle auffallend reduziert.

Sie sehen also, daß der „Nutz-Effekt" ein sehr wichtiger Teil innerhalb des Spieles ist. Wenn Sie den Nutz-Effekt kennen, den Sie oder Ihr Spiel-Partner anstreben, ergeben sich daraus auch verschiedene Möglichkeiten, mit denen Sie Spielangebote Ihres Gesprächspartners beantworten können.

Spiele haben manipulativen Charakter; das heißt, ich tue etwas, was ich eigentlich nicht möchte. Ein Teil in mir folgt dem Anspruch des anderen, einem anderen Teil in mir paßt das nicht. Als Folge stellt sich ein ungutes Gefühl ein.

***Fassen wir also zusammen:***

> Trick des ersten Spielers + wunder Punkt des zweiten Spielers = eine Reihe von Reaktionen ➤ Wechsel des Ich-Zustandes ➤ Moment der Verblüffung ➤ Nutzeffekt.

Analysieren wir anhand dieser Formel einmal ein Spiel, welches in der Arbeitswelt immer wieder vorkommt.

Der Sachbearbeiter Schulze und sein Vorgesetzter Müller haben Büros nebeneinander, die durch Glasscheiben getrennt sind. Abteilungsleiter Müller räumt gerade seinen Aktenkoffer ein, als Herr Schulze zu ihm hereinkommt: „Herr Müller, bevor Sie wegfahren, müßte ich mit Ihnen ganz kurz über das »China-Projekt« sprechen. Ich bräuchte von Ihnen insbesondere folgende Informationen ..."

(Erster Schritt: „Trick".) Herr Schulze mißachtet die Situation, die er vorfindet. Sie ist denkbar ungünstig, um mit seinem Chef eine Klärung bezüglich eines solch großen Projektes zu treffen, da dieser offensichtlich im Aufbruch ist.

Herr Müller: „Herr Schulze, fassen Sie sich aber bitte ganz kurz, denn ich habe nur wenig Zeit. Ich muß zu einer auswärtigen Besprechung. Worum geht es denn?"

Zunächst sieht es so aus, als käme es nicht zu einem Spiel. Durch die Äußerung: „Worum geht es denn?" fordert Herr Müller Herrn Schulze zur Stellungnahme auf. Er übernimmt damit den *„Trick"* von Herrn Schulze. Er übersieht ebenfalls, daß es keinen Sinn hat, jetzt noch ein Gespräch anzufangen.

Sein *„wunder Punkt"* (zweiter Schritt) kann sein, daß er meint, gute Vorgesetzte müssen für ihre Mitarbeiter stets Zeit haben, und daß sein Sachbearbeiter Schulze in der letzten Zeit zu kurz gekommen ist. Nun stellt Herr Schulze einige Fragen. Herr Müller antwortet mit gereiztem Unterton. Offenbar scheinen sie sich über das Projekt zu unterhalten. Ein Außenstehender hört aber auf der nonverbalen, verdeckten Ebene:

„Herr Schulze, nun machen Sie doch endlich Schluß. Sie sehen doch, Herr Schulze, daß ich weg muß. Wie lange soll das denn noch gehen?"

Herr Schulze: „Mit Ihnen, Herr Müller, kann man aber auch nie mal in Ruhe reden. Dauernd sind Sie kurz angebunden und lassen mich hier hängen." (Dritter Schritt: Verdeckte Transaktionen).

Schließlich sagt Herr Müller: „Herr Schulze, beim besten Willen, jetzt ist Schluß. Ich muß gehen. Ich habe einfach keine Zeit mehr. Kommen Sie demnächst bitte, wenn ich mehr Zeit habe." (Wechsel des Ich-Zustandes) In diesem Falle Wechsel ins kritische Eltern-Ich (= vierter Schritt). Herr Schulze schaut einen Augenblick verdutzt und enttäuscht aus, dreht sich um und verläßt das Büro seines Vorgesetzten (= fünfter und sechster Schritt: Verblüffung und Auszahlung).

Am Ende denkt Herr Schulze über sich: „Mit dem Müller ist einfach kein Auskommen, nie hat er Zeit für mich. An mir bleibt immer alles hängen." Er bestätigt damit seine Ansicht, daß er immer alles allein machen muß. Herr Müller fühlt sich ebenfalls nicht wohl und denkt: „Der Schulze sucht sich aber auch immer die unpassendsten Augenblicke aus." Damit bestätigt er seine Grundposition: „Ich bin o.k., Du bist nicht o.k." Außerdem ist da eine andere Seite in ihm, die ihm sagt: „Als guter Vorgesetzter müßtest du auch Zeit für deine Mitarbeiter haben." Dieser Teil nagt an ihm und erzeugt ungute Gefühle in ihm.

## Das Drama-Dreieck

Eine weitere Möglichkeit, Spiele zu analysieren, ist das sogenannte Drama-Dreieck, das von dem Transaktions-Analytiker Karpman entwickelt wurde. Karpman untersuchte, wie die Spannung bei Theater-Dramen zustande kommt. Dabei stellte er fest, daß die klassischen Rollen die des Opfers, des Verfolgers und des Retters sind. Durch Rollen-Wechsel, also Wechsel z.B. der Opfer-Rolle zur Verfolger-Rolle, ergibt sich die Spannung bzw. Dramaturgie.

Ausgehend von dieser Beobachtung entwickelte Karpmann das Drama-Dreieck zur Analyse von psychologischen Spielen. Hier werden die einzelnen Spielrollen, die jeder Spieler einnimmt, analysiert.

Das Drama-Dreieck läßt zunächst vermuten, daß drei Personen an dem Spiel beteiligt sein müssen. Das ist nicht so. Es werden vielmehr die Spiel-Rollen untersucht. Ein und derselbe Spieler übernimmt z.B. die Retter- und Verfolger-Rolle bzw. wechselt in diesen Rollen.

Ich möchte noch einige Erklärungen zum Begriff der Retter-Position sagen. Häufig höre ich, daß Retten und Helfen mißverstanden werden. Selbstverständlich ist es ein wichtiges Element, daß sich Menschen untereinander helfen, unterstützen. Im Regelfall liegt hier dann aber auch eine Vereinbarung vor, und der eine fragt klar um Hilfe, und der andere ist bereit, sie ihm zu geben. Hier findet dann eine offene, direkte Kommunikation statt. Solch eine Kommunikation endet auch nicht in schlechten Gefühlen.

Die Retter-Position ist dagegen anders zu verstehen. Hier tue ich etwas für jemanden, was dieser durchaus selbst erledigen kann. Er ist weder in einem Engpaß noch dazu unfähig, sondern manipuliert mich – unbewußt – durch ein Spiel, ihn zu unterstützen. Eine Seite in mir ist sich darüber im klaren, daß er diese Tätigkeit durchaus selbst sehr gut tun könnte. Die andere Seite in mir aber sagt, eigentlich müßtest du ihm helfen. Deshalb kommen ein innerer Zwiespalt und damit ein ungutes Gefühl zustande. Ein wichtiger zusätzlicher Punkt ist, daß hier die Person, die Hilfe braucht, dies nicht klar und deutlich ausspricht, sondern daß diese Botschaft nur auf der verdeckten Ebene erspürt bzw. erahnt werden kann. Hier wird der manipulative Charakter eines psychologischen Spieles besonders deutlich.

Graphisch sieht das Drama-Dreieck so aus:

***Drama-Dreieck***

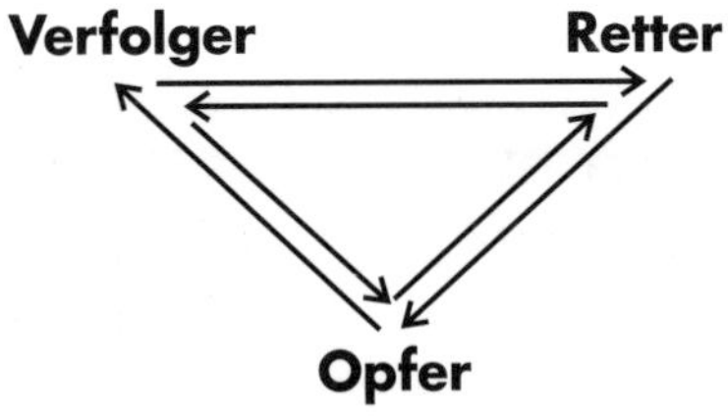

Untersuchen wir die vorangegangene Situation nach dem Drama-Dreieck:

Herr Schulze kommt als Opfer zu Herrn Müller. Herr Müller nimmt die Retter-Position ein, um ihm bei seinem Projekt zu helfen. Herr Müller wechselt dann über in die Verfolger-Rolle (nun machen Sie doch endlich Schluß, Sie sehen doch, Herr Schulze, daß ich weg muß. Wie lange soll das denn noch gehen?), während Herr Schulze in seiner Opfer-Rolle verweilt und das Büro verläßt.

Psychologische Spiele haben manipulativen Charakter. Ich höre deshalb auch immer wieder: „Das können Sie mir nicht erzählen, daß der Herr Schulze das nicht mit Absicht tut. Der kommt jedes Mal nur dann, wenn der Herr Müller gerade im Aufbruch ist."

Seien Sie sich darüber im klaren, daß Herr Schulze nicht mit Absicht manipuliert. Ein Spiel läuft ohne Bewußtheit des Erwachsenen-Ich-Zustandes, also stets unbewußt ab. Wenn Sie dagegen ein psychologisches Spiel als etwas, das gegen Sie selbst gerichtet ist, ansehen, ist es für Sie praktisch unmöglich, nicht in das Spiel einzusteigen.

# Lieblingsspiele in der Arbeitswelt

## Das „Ja, aber"-Spiel

***Fallbeispiel***

Innerhalb einer Verkäufer-Besprechung beklagt sich Herr Ott, daß er gegen das neue Produkt der Konkurrenz dauernd Aufträge verliere. Die Konkurrenz sei einfach zu billig (➤ Opfer-Position). Die übrigen Verkäufer-Kollegen sagen ihm nun, wie sie in ihren Gebieten erfolgreich gegen dieses Konkurrenz-Produkt arbeiten. Sie erzählen, welche Vorteile das eigene Produkt hat, daß es eine größere Leistung habe usw. (➤ Retter-Position). Auf alle Vorschläge der Kollegen entgegnet Herr Ott: „Das stimmt an sich, Herr Kollege, *aber* bei meinen Kunden sieht das doch etwas anders aus", oder: „Das mag in Ihrem Gebiet zutreffen, *aber* bei mir in Nordrhein-Westfalen habe ich völlig andere Käuferschichten. Das zieht bei meiner Klientel nicht."

Je mehr Herr Ott kontert, um so stärker engagieren sich die Kollegen, um ihm zu helfen. Bis dann am Ende ein Verkäufer sagt: „Herr Ott, ich sehe schon, daß Sie im Grunde genommen gar nichts ändern wollen. Ich habe hier keine Lust, noch weiter zu diskutieren." (➤ Verfolger-Position). Daraufhin betretenes Schweigen, Spannung, Peinlichkeit und ungute Gefühle bei allen Beteiligten. Das war mal wieder eine unangenehme Verkäufer-Besprechung.

### ***Ausstiegs-Strategie***

*Kollegen-Position:*

Wenn Sie feststellen, daß Herr Ott den Vorschlägen seiner Kollegen und damit auch Ihren Vorschlägen gegenüber nicht aufnahmebereit ist und diese mit Vorbehalten, Gegenargumenten erwidert, so könnten Sie z.B. folgenden Vorschlag machen: „Herr Ott, ich bemerke, daß Sie deutliche Schwierigkeiten in Ihrem Gebiet und auch Bedenken haben, daß die Vorschläge von uns in Ihrem Gebiet funktionieren. Ich schlage deshalb vor, daß wir zunächst einmal die Vorschläge der Kollegen ganz einfach listen (z.B. auf einer Flip-Chart). Wir diskutieren sie nicht. Sie, Herr Ott, können ja dann in Ruhe die einzelnen Vorschläge überprüfen. Mich würde dann freuen, wenn Sie uns bei der nächsten Besprechung sagen, wie Sie mit den Vorschlägen zurechtgekommen sind, bzw. ob und welche Sie umgesetzt haben."

Durch das Aufschreiben und das Lesen wird das Erwachsenen-Ich aktiviert. Herr Ott wird im Regelfalle selbst sehr schnell herausfinden, daß er auf die einzelnen Vorschläge einfach nicht richtig eingeht. Ihm wird unter Umständen klarwerden, daß sich die Kollegen aus den Nachbargebieten nicht alle irren können. Die Wahrscheinlichkeit ist relativ groß, daß er zumindest einige Vorschläge konstruktiv aufgreift.

*Position von Herrn Ott:*

Wenn Sie sich in der Position von Herrn Ott wiedererkennen, hier ein Tip für Sie. Werden Sie sich zunächst einmal Ihrer persönlichen Situation bewußt: Sie sind ein wenig verzagt, sehen sich zur Zeit hilflos und haben keine Perspektive. Sie besetzen also Ihr angepaßtes Kind-Ich. Wenn Sie sich selbst nun sprechen hören, „Ja, aber" oder merken, daß Sie Vorbehalte und Widerstände gegenüber Vorschlägen Ihrer Kollegen haben oder sie als unrealistisch einstufen, dann halten Sie ganz einfach den Mund. Schreiben Sie die Vorschläge auf – selbst wenn Sie sie als baren Unsinn ansehen. Beim Schreiben aktivieren Sie Ihr Erwachsenen-Ich. Sagen Sie am Ende einfach: „Vielen Dank für Ihre Vorschläge. Ich werde mich damit auseinandersetzen und das nächste Mal berichten, wie es ausgegangen ist."

Wenn Sie sich dann zu Hause in Ruhe schriftlich mit Pro und Contra der Vorschläge Ihrer Kollegen und den darin steckenden Möglichkeiten auseinandersetzen und bewußt Ihr Erwachsenen-Ich aktivieren, werden Ihnen dann einige Vorschläge auch plausibel erscheinen.

## Das „Makel"-Spiel

### *Fallbeispiel*

Ein Vorgesetzter (➤ Verfolger-Position) findet bei seinem Mitarbeiter ständig „ein Haar in der Suppe". Obwohl 99 % der Arbeit einwandfrei sind, nur 1 % nicht in Ordnung ist, stellt der Vorgesetzte es so dar, „als ob die ganze Arbeit mal wieder daneben sei". Der Mitarbeiter macht dann ein betretenes Gesicht, entschuldigt sich (Opfer-Position), und er hat das Gefühl, daß er nie eine gute Arbeit machen bzw. diesen Vorgesetzten zufriedenstellen kann.

### *Ausstiegs-Strategie*

*Mitarbeiter-Position:*

Der Mitarbeiter aktiviert hier unbewußt sein Erwachsenen-Ich und stimuliert durch die nüchterne Feststellung und durch die W-Frage das Erwachsenen-Ich seines Vorgesetzten. Der Vorgesetzte wird nunmehr angeregt, aus seinem Erwachsenen-Ich heraus die Arbeit realistisch einzustufen. Die Wahrscheinlichkeit ist recht hoch, daß er sein kritisches Eltern-Ich verläßt und ins Erwachsenen-Ich übergeht und nunmehr ein Bild für die realen Dimensionen bekommt: 99 Prozent gut, 1 Prozent schlecht.

*Vorgesetzten-Position:*

Wenn Sie bei sich selbst feststellen, daß Sie sich ausschließlich auf Fehler konzentrieren – übrigens häufig eine typische Verhaltensweise von Vorgesetzten –, dann poltern Sie nicht gleich los. Schreiben Sie sich skizzenhaft ganz kurz auf, was positiv an dem Mitarbeiter oder an der ganz konkreten Arbeit und was negativ ist. Bilden Sie ein T-Konto mit Soll und Haben (minus und plus). Sie schalten damit wieder Ihr Erwachsenen-Ich ein, sehen die Arbeit in der richtigen Relation und können dann die Arbeit in dem anschließenden Gespräch richtig einstufen. Wenn Sie ihm dann sagen, was Sie an der Arbeit gut finden und was Sie beanstanden – dies freundlich und zuvorkommend – können Sie sicher sein, daß der Mitarbeiter zuhört, nicht nach Entschuldigungen sucht und schnell seine Leistungen verbessert.

## Das „Du wirst schon sehen, was dabei herauskommt"-Spiel

### *Fallbeispiel*

Ein Chef überträgt seinem Betriebsleiter die Aufgabe, eine bestimmte Maschinen-Type zu kaufen. Der Betriebsleiter versucht nun seinem Chef zu erläutern, warum er diese Maschine als ungeeignet ansieht. Der wortgewaltige Chef scheint die besseren Argumente zu haben, so daß schließlich der Betriebsleiter mit dem Satz einwilligt: „Na gut, wenn Sie meinen, dann bestelle ich eben die von Ihnen gewünschte Maschine."

Auf der verdeckten Ebene teilt er mit, daß er seine Vorbehalte habe und der Chef schon sehen werde, daß dies die falsche Investition ist.

Die Maschine wird dann einige Monate später aufgestellt und produziert nicht in der gewünschten Menge und in der gewünschten Qualität. Als der Chef seinen Betriebsleiter daraufhin zur Rede stellt, antwortet ihm der Betriebsleiter: „Sie wollten doch unbedingt diesen Maschinen-Typ einsetzen. Ich habe Ihnen doch von vornherein gesagt, daß ich von dieser Maschine nichts halte." Damit überträgt er die Verantwortung für das Mißlingen seinem Chef.

### *Ausstiegs-Strategie*

*Chef-Position:*

Wenn Sie bei Ihrem Gesprächspartner auch noch so zaghaft oder vorsichtig vorgetragene Gegenargumente hören, so setzen Sie sich mit diesen konstruktiv auseinander. Leben Sie damit, daß viele Mitarbeiter sich nicht trauen, klar und deutlich dem Chef gegenüber zu widersprechen. In ihrer Phantasie meinen sie oft, daß sie sich damit unbeliebt machen, ins Fettnäpfchen treten usw. Es kann aber auch sein, daß sie bei Ihnen selbst oder bei früheren Vorgesetzten negative Erfahrungen gesammelt haben, wenn sie den Vorgesetzten widersprochen haben. So lernen dann Mitarbeiter, daß es klug ist, entweder ganz den Mund zu halten oder aber sehr diplomatisch vorzugehen, wenn sie nicht Ihrer Meinung sind.

Setzen Sie sich also sehr intensiv mit möglichen Gegenargumenten auseinander. Betrachten Sie diese nicht als Angriff auf Ihre Person bzw. als Verzögerungstaktik. Freuen Sie sich darüber, daß sich der Mitarbeiter so verantwortlich mit der Sache auseinandersetzt und mögliche Schwierigkeiten bereits im Vorfeld anspricht. Selbst wenn Sie diese Skepsis zunächst nicht mögen, ist es lohnend, wenn Sie die Gegenargumente wirklich aufnehmen. Sie werden oft feststellen, daß Sie sonst entscheidende Punkte übersehen hätten.

Fragen Sie anschließend dann den Mitarbeiter, welche Möglichkeiten er sieht, diese Schwierigkeiten auszuschließen. Bitten Sie ihn darum, Vorschläge zu erarbeiten, um die von ihm prognostizierten Probleme mit Sicherheit zu verhindern. Damit sind es *seine* Ideen und Vorschläge und Sie können sicher sein, daß der Mitarbeiter dann auch hinter der Entscheidung stehen wird.

Seien Sie aber auch ehrlich, daß unter Umständen nicht für „Ihre Maschine", sondern die Maschine Ihres Mitarbeiters investiert wird. Sie können dann aber sicher sein, daß die „Maschine Ihres Mitarbeiters" die Leistung bringen wird, die er Ihnen zugesagt hat.

Fragen Sie dann am Ende klar, deutlich und sehr freundlich, ob Ihr Mitarbeiter nunmehr hinter dieser Maschinen-Type steht und für die Realisierung der angestrebten Produktion in Qualität und Quantität geradesteht. Wenn Sie hier nur das geringste Zögern beim Mitarbeiter verspüren, selbst ein ungutes Gefühl haben oder aber ein „Jein" hören, so fragen Sie erneut nach. Beispielsweise „Herr Betriebsleiter, ich höre, daß da noch Vorbehalte Ihrerseits sind. Würden Sie mir diese bitte nennen?"

Das sieht zunächst wie reine Zeitverschwendung aus und ist auch – wenn Sie mit dem Spielausstieg beginnen – zunächst ein zäher, zeitaufwendiger Prozeß. Diese Zeit ist aber gut investiert, da anschließend die Realisierung des Projektes um so erfolgreicher und schneller sein wird.

*Mitarbeiter-Position:*

Wenn Sie feststellen, daß Sie keine Chance haben, Ihre Vorbehalte anzubringen und Ihr Vorgesetzter auf Ihre Gegenargumente nicht eingeht, bringt es für Sie nichts, wenn Sie sich scheinbar Ihrem Chef fügen. Tatsächlich haben Sie ja zwei Seiten in sich. Die eine sagt: „Es ist gut, nunmehr den Mund zu halten, denn sonst wird der Chef sauer.“ Die andere sagt: „Ich kann einfach nicht hinter dem Projekt stehen, denn ich sehe da noch eine Reihe Schwierigkeiten mit dieser Maschine, die wir z.B. vertraglich absichern müßten.“ Dieser innere Konflikt führt dann bei Ihnen zu unguten Gefühlen.

Eine Möglichkeit ist die, daß Sie Ihrem Chef sagen, Sie möchten die Sache noch einmal eine Nacht überschlafen. Listen Sie dann die Argumente, die für diese Maschine sprechen, schriftlich auf. Listen Sie ferner Ihre Vorbehalte auf einem separaten Blatt und schreiben Sie mögliche Wege auf, wie diese von Ihnen angesprochenen Befürchtungen kompensiert werden können.

Wenn Sie dann noch einmal um einen Besprechungstermin bitten und Ihrem Chef diese Unterlagen schriftlich vorlegen (er liest dann aus dem Erwachsenen-Ich-Zustand heraus), sind die Chancen wesentlich größer, daß er sich mit Ihnen konstruktiv auseinandersetzen wird. Im Regelfalle erfolgt dann eine echte Sachdiskussion und eine für beide Seiten tragfähige Entscheidung.

## Das „Ich bin dumm“-Spiel

***Fallbeispiel***

Eine neue Kollegin hat im Einkauf ein neues Sachgebiet übernommen. Ihre Einarbeitungszeit ist abgeschlossen, und sie leistet hervorragende Arbeit. Störend ist für die Vorgesetzte, daß sie dennoch ständig fragt. Sie stellt Fragen, die sie sich eigentlich selbst beantworten kann. Denn es handelt sich bei ihren Fragen um Angelegenheiten, die sie bereits seit einiger Zeit korrekt erledigt. Es ist unverständlich, warum sie danach fragt. Die Vorgesetzte reagiert jedesmal gereizt, und das Klima in der Abteilung leidet deutlich darunter. Die Vorgesetzte berichtet außerdem, daß die Mitarbeiterin beim Stellen der Fragen regelrecht etwas dumm wirkt, obwohl sie sonst doch sehr intelligent ist.

### ***Ausstiegs-Strategie***

*Vorgesetzten-Position:*

Fragen Sie sie, wie sie es bisher gemacht habe. Im Regelfalle erhalten Sie – nach kurzem Stutzen der Mitarbeiterin – die ganz konkrete Antwort, wie sie es bisher gemacht hat. Sie werden ferner im Gesicht deutlich den Wechsel des Ich-Zustandes vom angepaßten Kind-Ich zum Erwachsenen-Ich erkennen. Während sie vorher ein wenig dumm erschien mit etwas unklaren Augen, wirkt sie nach Ihrer Fragestellung, als wenn sie aus dem Nachdenken plötzlich ganz wach würde. Sie können dann sicher sein, daß Ihre Strategie gewirkt hat; denn das von Ihnen stimulierte Erwachsenen-Ich Ihrer Mitarbeiterin ist nunmehr von ihr aktiviert worden.

Stellen Sie also eine Reihe Fragen, die das Erwachsenen-Ich Ihrer Mitarbeiterin aktivieren. Es handelt sich hier um sogenannte W-Fragen oder aber auch offene Fragen, die die Mitarbeiterin mit ganzen Sätzen beantworten muß. Hier noch einige Möglichkeiten:

„*Welche* Vorstellungen haben Sie dazu?"

„*Wie* könnte es nach Ihrer Meinung gemacht werden?"

„*Welche* Informationen fehlen Ihnen zu einer selbständigen Lösung?" Oder:

„*Welche* Erfahrungen haben Sie dazu bisher gemacht?" usw.

Behalten Sie ständig die Grundposition: Ich bin o.k. – Sie sind o.k., und signalisieren Sie der Mitarbeiterin nonverbal, daß Sie sie für intelligent halten und genau wissen, daß sie die Antwort auf ihre Frage selbst herausfinden kann.

Dieses Verfahren ist zwar zunächst zeitraubend, aber letztlich für alle Beteiligten wesentlich effektiver. Die „Ich bin dumm"-Spieler sind im Regelfalle sehr intelligente Leute. Wenn sie ihr „Ich bin dumm"-Spiel aufgeben, haben Sie hervorragende Mitarbeiter gewonnen.

*Mitarbeiterin-Position:*

Wenn Sie feststellen, daß Vorgesetzte oder Ihre Kollegen auf Ihre Fragen hin gereizt, genervt, kurz oder gar nicht antworten, dann kann es sein, daß Sie Fragen stellen, die Sie sich im Grunde genommen selbst beantworten können. Das Dilemma ist nun, daß Sie selbst zunächst nicht unterscheiden können, ob es unnötige Fragen sind oder ob Ihnen ganz einfach noch Informationen fehlen. Ferner kann es bei neuen Aufgaben auch so sein, daß Sie einfach ein Stück Bestätigung vom Kollegen oder vom Vorgesetzten für Ihre Entscheidung benötigen und aus diesem Grunde fragen wollen.

Eine Methode, hier aus dem Spiel auszusteigen, ist, sich die Fragen zunächst einmal aufzuschreiben. Fragen Sie sich darüber hinaus: „Was habe ich zu dieser Frage an Informationen?" oder: „Wie würde ich das Problem angehen?" Schreiben Sie sich dann mögliche Lösungen auf. Häufig werden Sie feststellen: „Ach, das weiß ich ja schon alles, das habe ich ja schon gemacht." Hier handelt es sich dann um Fragen, die aus Ihrer „Ich bin dumm"-Spieler-Position heraus gestellt worden wären.

Bei den anderen Fragen, die Sie selbst nicht wissen und sich auch schriftlich durch Aktivieren Ihres Erwachsenen-Ichs nicht beantworten können, überlegen Sie, welche Ideen und Lösungsvorschläge Sie haben. Wenn Sie dann zu dem Vorgesetzten mit der Frage gehen und gleichzeitig Ihre Ideen und Lösungsvorschläge unterbreiten und ihn fragen, ob dies so richtig sei, werden Sie offene Ohren bei Vorgesetzten oder Kollegen finden und Ihr „Ich bin dumm"-Spiel aufgeben.

Sicherlich ist auch diese Methode ein wenig unbequem. Als Resultat werden Sie aber deutlich verbesserte Beziehungen zu Vorgesetzten und Kollegen erhalten, und Sie leisten einen aktiven Beitrag zur Verbesserung des Betriebsklimas.

## Das „Tritt mich"-Spiel

### *Fallbeispiel*

Der Lagerist Müller leistet insgesamt gesehen eine ordentliche und solide Arbeit. Dennoch unterlaufen ihm immer wieder läppische Fehler, die ihm eigentlich nicht passieren dürften. Er sortiert Waren in die falschen Regale, meldet sich nicht bei Mindestbeständen und vertauscht Kommissionen. Sein Vorgesetzter – Lagerleiter Lehmann – ist jedesmal sehr wütend und stellt ihn zur Rede. Müller bekommt – psychologisch gesehen – einen „Tritt". Diese Situation wiederholt sich in gewissen Abständen mit „schöner Regelmäßigkeit".

**_Ausstiegs-Strategie_**

*Vorgesetzten-Position:*

„Tritt mich"-Spieler können mit positiver Zuneigung nur wenig anfangen und organisieren deshalb unbewußt alles so, daß sie die ihnen bekannte negative Zuwendung erhalten. Sie sitzen also im Regelfalle am längeren Hebel. Analysieren Sie zunächst einmal Ihren Umgang mit dem Lageristen. Stellen Sie fest, ob Sie gute Arbeit anerkennen oder ob diese für Sie einfach selbstverständlich ist. Hier wäre also der erste Ansatz: Achten Sie darauf, was er gut gemacht hat, und sagen Sie ihm das, selbst wenn Sie zunächst den Eindruck haben, daß er Ihnen gar nicht zuhört. Vergegenwärtigen Sie sich, daß er diese Form der Zuwendung nicht kennt und mit ihr erst vertraut werden muß. Es kann sein, daß er nach und nach sein „Tritt mich"-Spiel aufgibt bzw. die Intervalle zwischen den einzelnen Auseinandersetzungen länger werden bzw. auf ein akzeptables Maß reduziert werden. Hören Sie dann aber nicht auf, Positives bei Ihrem Mitarbeiter anzuerkennen.

Eine andere Möglichkeit ist, ihn genauer zu kontrollieren. Koppeln Sie die Häufigkeit der Kontrolle an die Häufigkeit der gemachten Fehler, das heißt, je weniger Fehler er macht, desto weniger kontrollieren Sie ihn.

Eine weitere Alternative ist, ihn beim Feststellen des nächsten Fehlers ruhig und sachlich zu fragen: „Was erwarten Sie nunmehr von mir?" Sie werden zunächst ein verdutztes Gesicht sehen. Es kann dann sein, daß es eine Weile dauert, bis er Ihnen antwortet. Häufig findet der Mitarbeiter dann selbst heraus, daß es sich um einen Tadel handelt. Fragen Sie ihn danach, ob es das ist, was er eigentlich wolle. Auch hier kann es sein, daß dieses Gespräch länger dauern wird. Nehmen Sie sich also ausreichend Zeit dafür. Häufig sind aber eine Klärung und damit ein Ende dieser Spiel-Situation sichergestellt.

Eine weitere Möglichkeit ist, ihm Ihren inneren Zwiespalt mitzuteilen. Also beispielsweise: „Ich bin hier in einem Dilemma. Auf der einen Seite schätze ich Ihre Arbeit, arbeite mit Ihnen sehr gerne. Auf der anderen Seite ärgere ich mich sehr über die – aus meiner Sicht – unnötigen Fehler. Mir behagt es ferner nicht, daß wir diese Auseinandersetzungen haben. Sie drücken auf das Abteilungsklima, und ich möchte gerne in einem angenehmen Betriebsklima arbeiten. Was wollen Sie künftig dafür tun, um solche Situationen zu vermeiden?"

Diese oder andere W-Fragen stimulieren sein Erwachsenen-Ich. Die Chancen sind recht gut, daß er dieses Spiel aufgibt oder zumindest reduziert.

Sie könnten aber auch folgendermaßen mit Herrn Müller sprechen: „Herr Müller, ich bin soeben im Aufbruch. Ich muß zu einem Besprechungstermin und möchte dort pünktlich sein. Ich weiß, daß Ihnen diese Sache sehr wichtig ist. Jetzt komme ich aber für mich in eine Zwickmühle. Spreche ich jetzt die Angelegenheit mit Ihnen durch, bin ich anschließend unpünktlich und handle mir Ärger ein. Wenn ich mir jetzt aber für Sie keine Zeit nehme, werden Sie unter Umständen den Eindruck haben, daß ich nie für Sie Zeit hätte. Genau die möchte ich mir aber für Sie und für das Durchsprechen dieser Angelegenheit nehmen. Was halten Sie davon, wenn wir uns gleich morgen um 9.00 Uhr treffen, um diesen Komplex ausführlich zu diskutieren? Ich werde dann sicherstellen, daß ich ausreichend Zeit für Sie habe."

Abschließend möchte ich deutlich sagen, daß der Umgang mit „Tritt mich"-Spielern anstrengend und auch über weite Strecken frustrierend sein kann. Hier werden Sie als Vorgesetzter deutlich gefordert und Ihre Geduld oft auf eine harte Probe gestellt.

Wenn Sie feststellen, daß die vorangegangenen Strategien auch nach zahlreichen Wiederholungen zu keiner Änderung führen, so können Sie in einer ruhigen, sachlichen Form den Mitarbeiter auf mögliche Konsequenzen hinweisen und noch einmal deutlich sein Erwachsenen-Ich stimulieren, z.B.: „Was sind Ihre Vorstellungen, was bei Wiederholung solcher Fehler seitens der Betriebsleitung passieren wird?" usw.

Bleiben Sie aber auch in diesem Falle ruhig und zuvorkommend, auf keinen Fall aber werden Sie ärgerlich oder gereizt.

*Lageristen-Position:*
Bei Zusammenstößen mit Ihrem Vorgesetzten wegen Fehlern Ihrerseits überprüfen Sie, ob Sie diese Tätigkeiten im Regelfalle richtig machen und ob sie Ihnen bekannt sind. Wenn dies der Fall ist, und Sie dennoch Fehler machen, die Sie sich selbst nicht erklären können, dann spielen Sie aller Wahrscheinlichkeit nach ein „Tritt mich"-Spiel. Was können Sie tun? Setzen Sie sich mit einem Blatt Papier hin, und analysieren Sie aus dem Erwachsenen-Ich heraus die Situation,

die Begleitumstände, wie es zu dem Fehler kam. Es kann zum Beispiel sein, daß Sie besonders viel zu tun hatten, gehetzt waren, Kollegen Sie parallel dazu ansprachen oder ähnliches. Entwickeln Sie Strategien, wie Sie solche Fehler künftig vermeiden können. Zum Beispiel können Sie zusätzliche Kontrollen Ihrerseits oder durch einen Kollegen einführen, können lernen, sich stärker abzugrenzen, also auch einem Kollegen freundlich, aber bestimmt, sagen: „Im Moment habe ich beim besten Willen keine Zeit. Mir wäre es lieber, Sie kämen in einer Stunde noch mal vorbei."

Versuchen Sie, sich darüber klar zu werden, wie wichtig Ihre Arbeit für Sie ist und was Ihnen eine positive Beurteilung bedeutet. Schließlich steht Ihre Leistungsfähigkeit und -bereitschaft in direktem Zusammenhang mit Ihren Bezügen.

## Das „Jetzt hab' ich dich"-Spiel

### *Fallbeispiel*

Der Vorgesetzte Lehmann baut sich vor dem zu spät kommenden Mitarbeiter Reimers auf: „Wissen Sie eigentlich, wie spät es ist?" Antwort Reimer: „Bitte entschuldigen Sie, daß ich zu spät bin, aber das kommt bestimmt nicht wieder vor." Vorgesetzter Herr Lehmann (drohend): „Das ist in dieser Woche das dritte Mal, jetzt können Sie mit einer Abmahnung rechnen. Ich lasse mir das jedenfalls nicht länger bieten." Betretenes Schweigen folgt dieser Auseinandersetzung.

### *Ausstiegs-Strategie*

*Vorgesetzten-Position*:

Versuchen Sie herauszufinden, welche Motive Sie für dieses Spiel haben. Erst wenn Sie Ihren persönlichen „Nutz-Effekt" kennen, können Sie Ihrem Spiel wirksam begegnen.

Halten Sie sich vor Augen, daß Sie hier einen wertvollen Mitarbeiter haben. Das bedeutet nicht, daß Sie sein Zuspätkommen tolerieren sollen. Sie könnten beispielsweise ein Gespräch nach folgendem Muster führen: „Herr Reimers, ich arbeite gerne mit Ihnen und schätze Sie als einen sehr zuverlässigen und engagierten Mitarbeiter. Nun stelle ich fest, daß Sie in dieser Woche dreimal zu spät gekommen sind. Ich möchte aber auch in Zukunft mit Ihnen weiter angenehm zusammenarbeiten. Mich interessiert jetzt: „Was werden Sie unternehmen, damit Sie künftig pünktlich sind?" Sie stimulieren so sein Erwachsenen-Ich.

*Mitarbeiter-Position:*
Das Problem ist, daß Ihr Vorgesetzter formal im Recht ist. Lediglich seine Reaktion ist zu impulsiv und der Behandlung eines Menschen nicht würdig. Halten Sie sich deshalb vor Augen, daß er formal im Recht ist und es an Ihnen liegt, diese Situation abzustellen. Sie könnten antworten: „Es stimmt, Herr Lehmann, daß ich in dieser Woche dreimal zu spät war. Ich habe bereits folgendes unternommen, um künftig mit Sicherheit pünktlich zu sein ..."

## Das „Gerichtssaal"-Spiel

***Fallbeispiel***
Der Verkaufsleiter Müller und der Werbeleiter Schulze können sich nicht einig darüber werden, wie ihre Produkte auf dem Messestand präsentiert werden sollen. Beide kommen ziemlich erregt zu ihrem gemeinsamen Vorgesetzen und schildern ihm die Situation. Der Vorgesetzte soll nun entscheiden, welche Plazierung die richtige ist. Es folgt eine ellenlange Diskussion mit guten Argumenten auf beiden Seiten. Dennoch ist für die Beteiligten schnell deutlich, daß es eigentlich um etwas ganz anderes geht. Hier geht es nicht um eine Sachdiskussion, bei der jeder für die Argumente des anderen aufgeschlossen ist, sondern darum, daß jeder seinen Vorschlag mit aller Gewalt durchbringen will. Im Grunde genommen kämpfen hier zwei Streithähne miteinander.

Unter Umständen kommen noch weitere Kollegen aus der Verkaufsabteilung oder der Werbeabteilung hinzu und übernehmen dann die Funktion der Geschworenen. Sie helfen damit dem Chef bei der Rechtsprechung; denn er entscheidet, wie die Produkte präsentiert werden, um dem Ganzen endlich ein Ende zu machen.

Dieses sehr beliebte Spiel führt dazu, daß es einen Unterlegenen gibt, also einen Verlierer. Dieser sinnt im Regelfalle auf Rache und sorgt dafür, daß er bei der nächsten Auseinandersetzung die besseren Karten hat. Das nächste Spiel ist also vorprogrammiert, sofern der Vorgesetzte oder aber auch andere Beteiligte es nicht beenden.

### Ausstiegs-Strategie

*Vorgesetzten-Position:*

Häufig wissen Sie als Vorgesetzter sehr schnell, was richtig oder falsch ist. Das wissen Sie aufgrund Ihrer Erfahrung, oder bei anderen Inhalten steht es für Sie häufig aufgrund der Organisation fest. Springen Sie aber nicht auf den Köder an, sich hier zu äußern. Denn darum geht es im Grunde genommen nicht. Bei nüchterner Betrachtungsweise und sachlicher Diskussion könnten sich die beiden sehr gut selbst einigen. Wenn Sie hingegen Position beziehen, erhalten Sie damit einen Gewinner und einen Verlierer, und die nächste Spielrunde ist bereits vorprogrammiert.

Halten Sie sich eisern zurück, und lassen Sie nicht erkennen, was sie für richtig oder falsch halten. Fordern Sie die beiden Kontrahenten vielmehr auf, Pro und Contra zunächst einmal zu listen und *sachlich* abzuwägen, was in diesem Falle für sie beide eine akzeptable Lösung sein könnte. Vorteilhaft ist es, wenn Sie erreichen, daß beide in einen direkten Dialog kommen und sie möglichst nicht über Sie als Vermittler kommunizieren. Ihre Position ist nicht die eines Richters, sondern die eines Moderators bzw. eines neutralen Beraters.

Am Ende des Gespräches lassen Sie von den beiden eine Vereinbarung formulieren, die für beide gleichermaßen akzeptabel ist.

Wenn Sie mit beiden Kontrahenten ein gleichermaßen gutes, persönliches Verhältnis haben, können Sie auch folgendermaßen vorgehen (besonders freundlich und klar): „Meine Herren, ich habe den Eindruck, daß es eigentlich um etwas ganz anderes geht. Hatten Sie vielleicht in der letzten Zeit Ärger miteinander?" Es kann sein, daß Sie nach einer kurzen Pause dann die wahren Gründe für diese Auseinandersetzung erfahren. Sie können dann ein Klärungsgespräch über die Beziehung der beiden moderieren. Allerdings möchte ich darauf hinweisen, daß diese Vorgehensweise sehr viel Fingerspitzengefühl und bereits einige Übung im Umgang mit solchen Spielen erfordert. Am Ende eines solchen Gespräches steht dann eine Vereinbarung beider, wie sie in Zukunft handeln werden, wenn sich ähnliche Situationen ergeben.

*Position des Verkaufsleiters oder Werbeleiters:*
Wenn Sie feststellen, daß Ihre Argumente die besseren sind, Ihr gleichgestellter Kollege das aber einfach nicht einsehen will, halten Sie sich zurück, Ihren Vorgesetzten als Unterstützung anzurufen. Sie untergraben damit Ihre eigene Kompetenz als Mitarbeiter des Hauses. Stellen Sie sich jetzt weder hilflos noch dominant dar, sondern aktivieren Sie Ihr Erwachsenen-Ich, und werden Sie nüchtern und sachlich. Setzen Sie sich positiv mit den Argumenten Ihres Kollegen auseinander. Versuchen Sie die Dinge aus seiner Sicht zu sehen, und nehmen Sie seine Vorbehalte konstruktiv auf. Verlassen Sie einfach Ihre Position, und seien Sie offen für die des anderen. Sie werden sehr schnell feststellen, daß sich das spannungsgeladene Klima zwischen Ihnen sofort entspannt, daß er umgekehrt dann auch zugänglicher für Ihre Vorschläge wird. Sie können sicher sein, daß Sie am Ende gemeinschaftlich eine tragfähige Lösung erarbeitet haben, hinter der Sie beide stehen.

# Strategien für den Umgang mit psychologischen Spielen

Außer den im vorangegangenen Kapitel beschriebenen Spielen, die in der Arbeitswelt – aber nicht nur dort – relativ häufig vorkommen, gibt es noch zahlreiche andere Spiele. Ich sehe es allerdings nicht als sonderlich sinnvoll an, jedes nur mögliche Spiel beim Namen nennen zu können. Hilfreicher für erfolgreiche Kommunikation erscheint mir, ein Gefühl für ein Spielangebot bzw. für Spiele schlechthin zu entwickeln und unterschiedliche Strategien zur Verfügung zu haben, um konstruktiv mit ihnen umgehen zu können.

Eine weitere Grundvoraussetzung für gutes Betriebsklima ist eine schriftliche, eindeutig formulierte, klare Aufbau- und Ablauf-Organisation. Es ist wichtig, daß Aufgaben, Verantwortung und Kompetenzen eindeutig definiert sind. Es muß für jeden Mitarbeiter klar und im Zweifelsfalle nachlesbar sein, wer wofür verantwortlich ist, wer was wann in welcher Form zu erledigen hat, wer welche Möglichkeiten und welche Grenzen hat. Unter solchen klaren Rahmenbedingungen sind viele Spiele von vornherein unmöglich. Denn wer objektiv gesehen recht hat, wer die Verantwortung zu übernehmen hat, ist dort im Zweifelsfalle nachlesbar. Es lohnt sich also, die Ablauf-Organisation als ein lebendiges Element einzusetzen und sie ständig zu aktualisieren. Neben der psychologischen Komponente haben häufig Spiele auch eine sachliche Komponente. Sie werden feststellen, daß sie Ihnen Hinweise für Schwachpunkte in Ihrer Organisation geben. Wenn Sie diese dann im Anschluß an einen Klärungs-Prozeß gleich verbessern bzw. aktualisieren, wird es sehr schwer, persönliche Reibereien über sogenannte Sach-Diskussionen zu erledigen.

Da psychologische Spiele verantwortlich sind für schlechte Gefühle, dadurch Beziehungen strapazieren, Energie und Schwung lähmen und das Betriebsklima negativ beeinflussen, lohnt es sich, Spiele weitgehend einzuschränken. Als Resultat werden Sie klarere Beziehungen, Offenheit und Sicherheit für den einzelnen, mehr Spaß miteinander, mehr Schwung und Energie freisetzen, die dann für konstruktive Dinge eingesetzt werden können. Es lohnt sich also wirklich, Spiele zu beenden.

Welche Strategien angemessen und praktikabel sind, um Spiele zu beenden, erfahren Sie jetzt:

## Auf der Erwachsenen-Ich-Ebene kreuzen

Hierunter ist zu verstehen, daß Sie nicht aus dem von Ihrem Gegenüber stimulierten Ich-Zustand heraus reagieren, sondern sich für Ihr Erwachsenen-Ich entscheiden. Wenn Sie W-Fragen stellen, stimulieren Sie gezielt das Erwachsenen-Ich Ihres Partners. Da Spiele ohne Erwachsenen-Ich-Bewußtheit ablaufen, sind W-Fragen eine sehr sichere Strategie, Ihr Erwachsenen-Ich und das Erwachsenen-Ich Ihres Gesprächspartners zu stimulieren. Voraussetzung ist, daß Sie auch wirklich Ihr Erwachsenen-Ich besetzen und freundlich, höflich, dabei aber sehr konsequent W-Fragen an Ihren Gesprächspartner richten.

***Auf der Erwachsenen-Ich-Ebene kreuzen:***

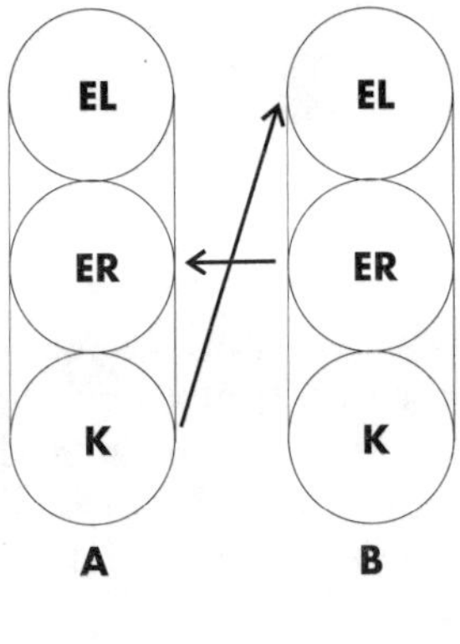

| | |
|---|---|
| A: *(unwissend, etwas hilflos)* | „Können Sie mir sagen, wo ich diesen Vorgang ablegen soll?“ |
| B: *(freundlich, höflich)* | „Wie haben Sie es bisher mit ähnlichen Vorgängen gehandhabt?“ |

***Auf der Erwachsenen-Ich-Ebene kreuzen:***

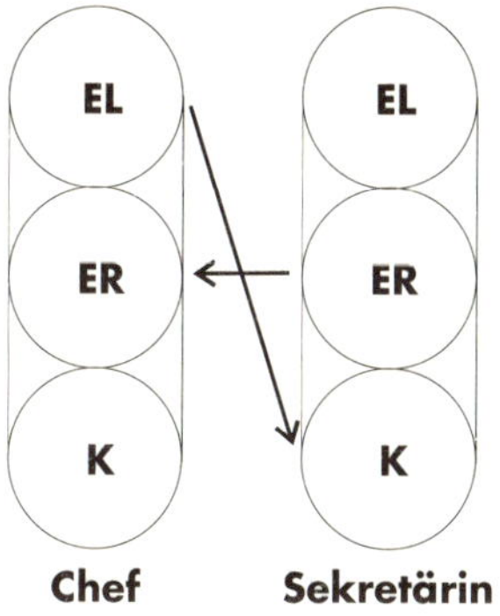


| | |
|---|---|
| *Chef: (schimpfend)* | „Hier haben Sie mal wieder nur Mist getippt!?“ |
| *Sekretärin: (souverän, gelassen)* | „Ich sehe ein, daß ich mich hier vertippt habe. Wie beurteilen Sie denn den übrigen Teil des Manuskriptes?“ |

## Ansprechen des ignorierten Teils

Sie können Spielangeboten gleich zu Beginn begegnen, wenn Sie den ignorierten Teil sofort ansprechen.

*Beispiel:*
Ein Kollege kommt zu Ihnen, um eine wichtige Sache zu besprechen, obwohl er sieht, daß Sie gerade im Aufbruch sind.

„Herr Kollege, Sie sehen, daß ich gerade im Aufbruch bin. Insofern ist die Zeit für mich jetzt ungünstig. Was halten Sie davon, wenn wir die Sache morgen vormittag zwischen 10 und 11 Uhr in Ruhe besprechen?"

## Offenlegen der verdeckten Ebene

*Vorarbeiter:* „Na ja, wenn Sie meinen, muß ich es halt so machen." Auf der verdeckten Ebene sagt er: „Ich bin damit nicht einverstanden, aber Sie wollen es ja so, und ich hab' mich zu fügen."

*Betriebsleiter:* „Ich glaube zu hören, Herr Lohmann, daß Sie noch Bedenken haben und das Projekt nur durchziehen wollen, weil ich es so wünsche. Das ist für mich aber eine schlechte Basis. Ich möchte deshalb gerne Ihre Bedenken hören. Können Sie mir sagen, wo Sie noch Schwierigkeiten sehen?"

## Ignorieren der verdeckten Ebene

Ein Kunde reklamiert bei Ihnen telefonisch recht aufgebracht die letzte Sendung: „Können Sie nicht einmal ordentlich liefern?" „Mit Ihnen haben wir nichts als Ärger."

Auf der verdeckten Ebene sagt er, daß Sie ständig Mist liefern und Ihre Firma wirklich das letzte ist. Sie können hier die verdeckte Ebene ignorieren und z.B. antworten: „Herr Kunde, um welche Sendung handelt es sich?" „Was ist falsch gelaufen?" usw.

## Blumen-Strategie

Die Blumen-Strategie läßt sich sehr wirkungsvoll einsetzen, wenn Ihnen Mitarbeiter auf Ihre Frage ausweichen, Sie aber einen Klärungsprozeß wünschen. Am besten läßt sich diese Strategie an einem Beispiel erklären:

Ein Mitarbeiter kommt zu spät, und der Vorgesetzte fragt ihn: „Sie kommen in dieser Woche zum dritten Mal zwischen 10 und 20 Minuten zu spät. Wie werden Sie sicherstellen, daß Sie künftig pünktlich kommen?“ Mitarbeiter: „Ja, heute morgen habe ich einfach verschlafen. Aber warum sprechen Sie nur mich an, andere Kollegen kommen ja auch zu spät.“

Nun kann der Vorgesetzte darauf eingehen und über das von dem Mitarbeiter angebotene, neue Thema sprechen. Damit ist der Vorgesetzte weggeführt von dem für den Mitarbeiter heißen Punkt. Die „Kunst“ des Mitarbeiters liegt darin, dem Vorgesetzen ein interessantes Thema anzubieten, das ihn anspricht.

Graphisch läßt sich das so darstellen:

Wenn der Vorgesetzte in der Blumen-Strategie geschult ist, wird das Gespräch z.B. so ablaufen:
*Vorgesetzter (freundlich, höflich):* „Ich möchte im Moment nicht über die Unpünktlichkeit Ihrer Kollegen reden. Mir geht es jetzt darum, wie *Sie* künftig sicherstellen, daß Sie pünktlich sind.“

*Mitarbeiter:* „Ja, wenn Ihr Assistent zu spät kommt, dann sagen Sie ja auch nichts.“

*Vorgesetzter:* „Im Moment möchte ich von *Ihnen* wissen, wie *Sie* künftig sicherstellen, daß Sie pünktlich sind.“

So oder ähnlich kann das Gespräch weitergehen. Wenn Sie natürlich versäumt haben, Ihrem Assistenten etwas zu sagen, wenn dieser zu spät kam, hat der Mitarbeiter bei Ihnen einen „wunden Punkt“ erwischt. Sie können nun sehr lange darüber diskutieren, warum Sie Ihren Assistenten nicht zur Rede gestellt haben, daß es bei Ihrem Assistenten eine andere Situation ist als bei Ihrem Mitarbeiter usw. Das eigentliche Thema „Unpünktlichkeit des Mitarbeiters“ ist dann im Regelfalle erledigt.

Die Strategie ist also, in einer größeren oder kleineren Kurve zurück zum Thema zu führen. Der Mitarbeiter erlebt diese Strategie häufig als penetrant lästig, denn er kommt an dem heißen Punkt nicht vorbei. Um die bei ihm auftretende Spannung und Verlegenheit einigermaßen zu kompensieren, ist es deshalb wichtig, daß Sie behutsam mit dieser Strategie umgehen. Seien Sie besonders sanft, höflich und zuvorkommend. Wenn Sie in Ihrer Sprache auch nur einen ganz geringen Unterton von Schärfe, Ärger, Überheblichkeit mitschwingen lassen, funktioniert diese Strategie nicht, sondern leitet eher das nächste Spiel ein.

Graphisch entsteht dann eine Blume, daher der Name „Blumen-Strategie".

***Die „Blumen-Strategie"***

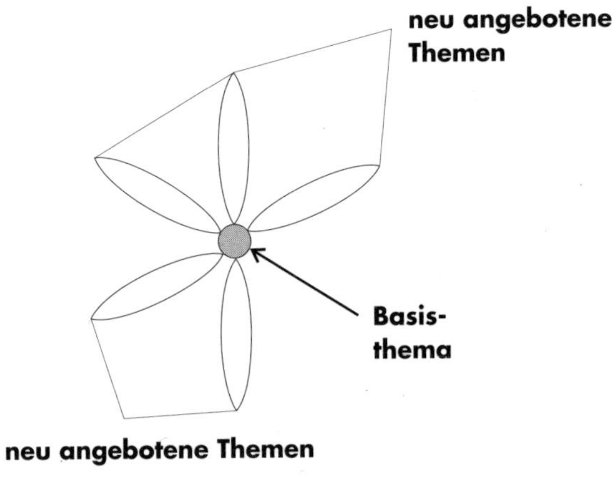

## Zusammenfassung – Hinweise für die Praxis

1. Vergegenwärtigen Sie sich stets, daß wir alle Spiele spielen. Psychologische Spiele sind an sich nicht verwerflich, denn sie hatten früher einmal den Sinn, innerhalb der Familie – aus unserer eingeschränkten kindlichen Sichtweise – zurechtzukommen.
2. Erinnern Sie sich stets daran, daß jeder *unbewußt* psychologische Spiele spielt. Ihr Gesprächspartner tut also nichts bewußt, um Sie aus der Fassung zu bringen oder Sie zu ärgern.
3. Da psychologische Spiele manipulativen Charakter haben, schlechte Gefühle hinterlassen, viel Zeit und Energie verbrauchen, lohnt es sich, sie einzuschränken oder ganz aufzugeben.
4. Wenn Sie offen und direkt mit Ihren Gesprächspartnern reden, verdeckte Transaktionen vermeiden, Ihre Gefühle wahrnehmen und nach und nach lernen, sie offen und ehrlich auszusprechen, werden Sie kaum in ein psychologisches Spiel verwickelt werden können.
5. Wenn Sie feststellen, daß es in einer Unterredung im Grunde genommen darum geht,
   - wer recht hat,
   - wer schuld ist,
   - wer angefangen hat,

   dann sind Sie ganz sicher in ein psychologisches Spiel verwickelt. Wenn Ihnen dies bewußt wird, so formulieren Sie selbst Ihr Gesprächsziel oder Ihre Wünsche an den anderen bzw. bitten den anderen darum, Ihnen zu sagen, welches Gesprächsziel er anstrebt bzw. welche Wünsche er an Sie hat.
6. Nehmen Sie von den Ausstiegs-Strategien zunächst nur eine in Ihr Übungsprogramm auf. Wenn Sie diese sicher beherrschen, lernen Sie jeweils die nächste, bis Sie alle souverän einsetzen können und somit stets flexibel auf Spielangebote reagieren können. Sie werden feststellen, wieviel Spaß das macht.

7. Nehmen Sie den Umgang mit psychologischen Spielen und die Situation mit Ihren Spielpartnern nicht zu ernst, sondern betrachten Sie die Situation eher sportlich. Seien Sie nicht böse, wenn Ihr Spielpartner – obwohl Sie doch dieses Spiel aufgeben wollen und schon einige Ausstiegs-Strategien versucht haben – weitermacht und unter Umständen noch auf die Spitze treibt. Betrachten Sie vielmehr sein Verhalten als eine echte Herausforderung für die Wahl Ihrer Ausstiegs-Strategien oder auch für Ihre Hartnäckigkeit, bei Ihrer Entscheidung zu bleiben.

8. Wenn Sie dann innerlich freundlich schmunzelnd und auf sein Verhalten flexibel, d.h. mit neuen Formen der Kommunikation antworten, wird Ihr Gesprächspartner unter Umständen sein Spiel auch aufgeben. Einen Garantieschein gibt es aber nicht.

9. Bleiben Sie bei Ihren Bemühungen zäh, hartnäckig und konsequent. Denken Sie daran, daß sich Ihr Einsatz lohnt. Man wird Sie später offener, sicherer und deutlich kompetenter erleben. Ihre Kommunikation wird erfolgreicher und befriedigender.

10. Wenn es einmal nicht so geklappt hat, wie Sie es sich vorgenommen haben, so schimpfen Sie nicht mit sich selbst. Denken Sie vielmehr daran, wie lange Sie gebraucht haben, laufen zu lernen oder später eine neue Sportart oder eine neue Fremdsprache zu lernen. Auch hier gilt der Leitsatz: „Übung macht den Meister."

11. Seien Sie sich darüber im klaren, daß der Ausstieg aus Spielen kein bequemer Weg ist. Er fordert einiges von Ihnen. Mit Konsequenz und Disziplin werden Sie es schaffen, wie viele andere vor Ihnen auch.

# Gefahren der Transaktionsanalyse

Die Transaktionsanalyse an sich ist nicht gefährlich; ihre Anwendung setzt aber ein hohes Maß an Verantwortung voraus, damit sie nicht destruktiv zur Manipulation anderer eingesetzt wird.

Auch bei einem Messer entscheidet erst der Gebrauch, ob es ein hilfreiches Werkzeug, z.B. zum Schälen von Kartoffeln ist, oder ob es als Waffe zum Verletzen oder Töten anderer eingesetzt wird.

Folgende Hauptgefahren sehe ich:

## TA-Etiketten

Vergegenwärtigen Sie sich stets, daß TA ein Modell ist, das Kommunikationsbegriffe einsetzt. TA ist also keine Realität. Somit hat TA-Sprache auch nichts im Alltag zu suchen; TA-Sprache kann dann sehr schnell zur Waffe werden. TA-Sprache ist immer dann nützlich, wenn Sie eine schwierige Situation von der psychologischen Seite her analysieren wollen und eine Vereinbarung mit Ihrem Gesprächspartner besteht, diese unter TA-Kriterien zu untersuchen und mit TA-Worten zu beschreiben.

In meinem Betrieb, in welchem die meisten Leute TA kennen, ist TA-Sprache im täglichen Umgang tabu. Wir benutzen TA-Sprache ausschließlich in Seminaren, in denen TA als Erklärungsmodell dient, und auch dann, wenn in einer Konflikt-Situation TA zur Analyse von *allen* Beteiligten gewünscht wird. Sonst nie.

Sehr schnell erhält auch jemand von einem, der sich mit TA auseinandergesetzt hat, ein TA-Etikett wie „Tritt mich-Spieler“, „Makel-Spieler“ o.ä. Solche Etiketten sind nicht hilfreich, da sie zum Schubladendenken verführen. Wenn z.B. der „Ich bin dumm“-Spieler auch vernünftige Fragen stellt, werden diese ganz schnell mit seinem „Ich bin dumm-Spiel“ in Verbindung gebracht. Ein dem Gesprächspartner angemessener Umgang ist dann nahezu unmöglich.

## Amateur-Psychologen

Die einfachen, verständlichen TA-Begriffe können dazu führen, daß Sie nach Durcharbeiten dieses Buches oder aber im Anschluß an ein TA-Seminar bereits den Eindruck gewinnen, Sie hätten psychologischen Weitblick. Wenn Sie dann – als Amateur-Psychologe – Ihren Freunden erklären, daß es besser sei, wenn sie nunmehr ihr psychologisches Spiel beenden, denn das sei die Ursache für ihre Schwierigkeiten miteinander, dann können Sie ganz sicher sein, daß Sie Freundschaften oder Partnerschaften stark belasten und sich die Leute wegen Ihres „Psycho-Fimmels“ von Ihnen zurückziehen werden.

Ähnlich wird es Ihnen ergehen, wenn Sie Ihren Freunden erklären, „welche verdeckten Transaktionen sie führen“ und „warum es bei ihnen in der Ehe nicht stimmt“. Sie werden Widerstände und Angst, keinesfalls aber Sympathie und Verbesserung der Beziehungen erreichen.

Vergegenwärtigen Sie sich, daß das Lesen eines oder mehrerer Bücher nicht ein mehrjähriges Studium der Psychologie oder eine Ausbildung zum Transaktionsanalytiker ersetzen kann.

Das soll nicht bedeuten, daß Sie nunmehr TA vergessen sollen. Benutzen Sie sie vielmehr, damit *Sie* für sich persönlich herausfinden, was *Sie* an Ihrem Verhalten verändern können. Nach dem Gesetz von Aktion und Reaktion ist die Wahrscheinlichkeit groß, daß – wenn Sie sich verändern – sich auch das Verhalten Ihres Gesprächspartners verändert. Sie haben aber niemals die Möglichkeit, bei Ihrem Gesprächspartner einen Hebel im Kopf anzustellen, der das von Ihnen gewünschte Verhalten auslöst. Ob das veränderte Verhalten Ihres Partners in der von Ihnen angestrebten Richtung liegt, bleibt dahingestellt. Das ist aber für Sie *die* Chance: Sie brauchen nicht zu warten, bis sich andere ändern; im Regelfalle können Sie dann ein Leben lang warten. Sie können vielmehr sofort etwas tun. Also: Hier ist die Chance für wirklich Aktive, etwas zu verbessern.

## Denken in TA-Konzepten

Die Begeisterung für TA kann auslösen, daß Sie sich künftig besonders intensiv mit ihr auseinandersetzen. Unter Umständen wird es Sie deutlich stören, daß gewisse Leute dauernd ihr kritisches Eltern-Ich, ihr rebellisches Kind-Ich unangemessen besetzen, bestimmte Spiele spielen oder nicht wie gewünscht auf Ihre Ausstiegs-Strategien bei Spielangeboten reagieren, sondern mit noch massiveren Spielangeboten antworten.

Das von Ihnen beanstandete Verhalten anderer ist Realität – eine Realität, die Sie auch in der Vergangenheit unbewußt wahrgenommen haben. Nur Sie haben jetzt ein griffiges Modell, um sich die unerfreulichen Situationen verständlich darzustellen. Nehmen Sie also möglichst die Verhaltensweisen anderer wertneutral zur Kenntnis. Achten Sie darauf, welcher Ich-Zustand bei Ihnen stimuliert wird, und entscheiden Sie dann ganz bewußt, ob Sie den stimulierten Ich-Zustand besetzen wollen oder einen anderen, der Ihnen für diese Situation erfolgreicher erscheint. Daß dies allerdings erst nach einem gewissen persönlichen Training reibungslos funktioniert, werden Sie bald feststellen.

Eines ist aber klar: Es ist unmöglich, daß Sie dauernd nur in Ich-Zuständen, Transaktionen oder Spielen bei der Kommunikation denken. Das wird Ihnen so viel Streß bereiten, daß Sie sehr schnell aufgeben und damit unter Umständen eine wertvolle Chance zur Optimierung Ihrer Kommunikation zu den Akten legen.

Ich selbst denke im normalen Tagesablauf auch nicht in TA-Konzepten. Sobald ich aber Irritationen, Kommunikationsstörungen, Mißstimmungen feststelle, mache ich mir innerlich bewußt, was zur Zeit an verdeckten Transaktionen, Spielangeboten oder ähnlichem läuft und reagiere dann wirkungsvoll. Ich habe die TA als Modell im Hinterkopf und aktiviere sie bei Bedarf.

Sie können es mit dem Lernen von Autofahren vergleichen: Zunächst einmal müssen Sie sich exakt auf die Steuerung des Autos konzentrieren und können sich nicht parallel dazu beim Fahren unterhalten. Später können Sie sich während des Fahrens durchaus angeregt unterhalten, wissen aber immer noch, in welchem Gang Sie sich gerade befinden und ob Sie rauf- oder runterschalten müssen.

Ähnlich geht es Ihnen nach einiger Übung mit den TA-Konzepten.

# Auswirkungen der Transaktionsanalyse im beruflichen Alltag

Lassen Sie mich zunächst folgendes klarstellen: Transaktionsanalyse kann nicht liederliche Betriebsführung oder mangelnde Kenntnisse kompensieren. Qualifiziertes kaufmännisches und technisches Management mit allen daraus resultierenden Konsequenzen sind Grundvoraussetzung eines erfolgreichen Betriebes. Das praktische Handwerk muß gekonnt und tagtäglich solide angewandt werden. Transaktionsanalyse ist – basierend auf diesem Handwerk – dazu das „Salz in der Suppe". Durch Transaktionsanalyse kann die Arbeit mehr Spaß machen, läuft vieles nicht mehr so trocken und nüchtern ab. Die Effizienz der Arbeit wird in vielen Bereichen deutlich gesteigert.

Ich möchte die Wirkungsweise und die Möglichkeiten der Transaktionsanalyse am Beispiel eines Autogetriebes erläutern. Voraussetzung für die Funktionsfähigkeit des Getriebes sind eine qualifizierte Konstruktion und eine solide Ausführung. Auch das schwächste Zahnrad muß ausreichend dimensioniert sein. Das Getriebeöl ist für das Funktionieren des Getriebes ein ganz entscheidender Faktor. Wenn die falsche Ölsorte eingefüllt ist, kommt es zu Störungen oder gar zum kompletten Ausfall des Getriebes. Wird dagegen die richtige Sorte verwendet, erfüllt das Getriebe seine Arbeit unproblematisch und störungsfrei. Es ist gerade so, als ob die einzelnen Schaltvorgänge wie von selbst funktionieren.

Transaktionsanalyse ist für mich das Getriebeöl des Unternehmens. Zwar kann sie Managementfehler nicht kompensieren, sorgt aber für ein effizientes und konstruktives Miteinander, für ein intrigenfreies Betriebsklima und damit für einen reibungslosen Ablauf.

Doch wie sieht es in einem Betrieb aus, der die Konzepte der Transaktionsanalyse einsetzt?

Pünktlich treffen die Mitglieder des Betriebes morgens ein. Man spricht kurz miteinander und konzentriert sich dann auf das eigentliche Tagesgeschäft. Da die Ziele schriftlich definiert sind, stehen auch Teilaufgaben und Termine fest. Jeder ist bestrebt, die Aufgaben in der bestmöglichen Form zum vereinbarten Termin zu erledigen. Außenstehende erleben dies als besonders emsiges und konzentriertes Arbeiten.

Dabei geht es häufig recht emotional zu. Freude und spontane Begeisterung gehen durch die Abteilungen, wenn ein Auftrag gerade eingeholt, ein Problem erfolgreich gelöst wurde oder eine neue technische Lösung am Zeichenbrett entstand. Genauso kommt es vor, daß einer spontan seinem Ärger Luft macht.

Probleme des Tagesgeschäftes regeln die einzelnen unter sich, denn sie haben ein hohes Verständnis von Eigenverantwortung.

Da jeder seinen eigenen und den Kenntnisstand der anderen sowie die Stärken und Schwächen kennt, fühlt sich der einzelne sicher. Er braucht seine Schwächen nicht zu vertuschen, denn er weiß, daß er auf diesem Sektor möglichst nicht eingesetzt wird. Wenn er aber dennoch Arbeiten durchführt, die nicht seinem Fähigkeitspotential entsprechen, kann er darauf vertrauen, daß bei eventuellen Fehlern dies keine Konsequenzen für ihn haben wird und er bestmöglich unterstützt wird.

Aufgabenbereiche werden nicht stur nach Organisationsplan bzw. nach der Ablauforganisation festgeschrieben, sondern werden modifiziert auf das Fähigkeitspotential der Mitarbeiter.

Jeder hat an seinem Arbeitsplatz eine Liste mit seinen Hauptaufgaben und eine dazugehörige Durchführungsbeschreibung vorliegen. Diese wird nicht von oben vorgegeben, sondern der einzelne erstellt sie für sich selbst und hat damit einen breiten Gestaltungsspielraum in der Durchführung seines Tagesgeschäftes.

Fehler werden nicht vertuscht, sondern transparent gemacht. Häufig resultieren daraus Optimierungen der Ablauforganisation, die Durchführungsbeschreibungen an den einzelnen Arbeitsplätzen werden aktualisiert.

Offenheit beherrscht den Umgangsstil der Mitarbeiter untereinander. Sie sehen den Gesichtern an, daß es Spaß macht, hier zu arbeiten.

Dabei gibt es auch viel Wettbewerb untereinander. Wettbewerb, der sportlich gesehen wird und nicht zu Lasten anderer geht.

Klare, offen geführte Auseinandersetzungen finden tagtäglich statt, wenn unterschiedliche Meinungen vorliegen. Dabei geht es aber um die Sache und nicht um die Person bzw. um persönliches Gewinnen oder Verlieren.

In solch einem Betrieb gelingen Produktentwicklung und Innovation praktisch von selbst.

Heißt das, daß es keinerlei Auseinandersetzungen mehr gibt, sondern nur noch Harmonie? Nein, Störungen gibt es ständig, und Auseinandersetzungen gibt es natürlich auch. Sie werden aber im Regelfalle lockerer und sofort angegangen, auf keinen Fall aber unter den Tisch gekehrt. Am Ende haben die Beteiligten klare Vereinbarungen für den gefundenen Kompromiß getroffen, hinter denen sie alle stehen.

Eine vollkommen heile Arbeitswelt oder das Paradies auf Erden werden wohl der Traum des Menschen bleiben. Wir alle können aber eine ganze Menge tun, um diesem Ideal deutlich näherzukommen.

Das Betriebsklima läßt sich nicht wie bei der Klimaanlage einfach anstellen, und den Rest macht dann Elektronik vollautomatisch. Gutes Betriebsklima ist vielmehr das Ergebnis ständiger Bemühungen aller Beteiligten. Gutes Betriebsklima wird tagtäglich neu hergestellt und mehrmals am Tag neu geregelt. Wenn jedem bewußt ist, daß es an ihm liegt, ob er etwa 65 Prozent seiner aktiven wachen Zeit und damit 65 Prozent seines Lebens bis zur Pensionierung in einem positiven, konstruktiven Betriebsklima oder in einem destruktiven verbringt, werden dem einzelnen seine Verantwortung und seine Gestaltungsmöglichkeit bewußt werden, die er zur Klimaverbesserung an seinem Arbeitsplatz hat.

Spreche ich von einem Science-Fiction-Betrieb? Nein, das ist für mich Realität, denn ich lebe und arbeite in solch einem Betrieb. Das nachfolgende Beispiel – eines von vielen, die ein ganzes Buch füllen könnten – mag Ihnen die Wirkungen der Transaktionsanalyse verdeutlichen:

Bei einer unserer monatlichen Vertriebsbesprechungen präsentierte kürzlich ein neues Verkaufsteam, bestehend aus Nachwuchsverkäufern, vergleichsweise schlechte Verkaufszahlen für den vorausgegangenen Monat. Auf die Frage: „Wo sehen Sie die Ursachen für diese beachtliche Unterdeckung?" antwortete der Nachwuchsverkäufer: „Wir haben dies in unserem Verkaufsteam untersucht und dabei festgestellt, daß wir noch relativ unsicher in der Abschlußtechnik waren. Wenn der Abschluß nahte, haben wir uns innerlich gescheut, auf den Auftrag hinzuarbeiten."

Die Verkäuferrunde von etwa 30 Kollegen lobte diese Offenheit ganz spontan mit Worten wie: „Klasse, daß Sie das so offen und ehrlich hier in der großen Runde sagen." „Ich finde das prima, daß Sie da so methodisch herangegangen sind." „Donnerwetter, Sie haben sich hier aber schnell bei uns eingelebt und suchen nicht irgendeinen Schuldigen oder die Ursachen draußen im Markt."

Auf die nächste Frage: „Nachdem Sie dies nun erkannt hatten, was haben Sie dann anschließend getan?" antwortete der Nachwuchsverkäufer: „Wir haben dies unserem Verkaufsleiter geschildert und ihn darum gebeten, daß wir zusätzliches Verkaufstraining über Abschlußtechniken erhalten. Das Verkaufstraining hat in der Zwischenzeit stattgefunden, und nun läuft es in diesem Monat schon wesentlich besser."

Ich habe mich enorm gefreut, daß in meiner Anwesenheit in dieser Runde so offen und ehrlich eine derartige Aussage gemacht wurde. Das war für mich ein erneuter Beweis, daß die Transaktionsanalyse – konsequent eingesetzt – wirklich funktioniert.

Wenn ein Teil meiner eigenen Begeisterung für die Transaktionsanalyse bei Ihnen angekommen ist und Sie angeregt hat, sich mit Ihrem Verhalten auseinanderzusetzen, möglichst mit dem gleichen Eifer wie Sie z.B. das Autofahren gelernt haben, dann habe ich mein Ziel erreicht und erfolgreich mit Ihnen kommuniziert.

> Der Mensch ist nicht das Produkt seiner Umgebung.
> Vielmehr ist seine Umgebung ein Produkt der Menschen.
> *Benjamin Disraeli*

# Literatur


BENNET, D.: *Im Kontakt gewinnen.* Sauer, Heidelberg 1977

BERNE, E.: *Spiele der Erwachsenen.* Rowohlt, Reinbek 1967

BERNE, E.: *Was sagen Sie, nachdem Sie Guten Tag gesagt haben?* Kindler, München 1975

BERNE, E.: *Beyond Games and Scripts.* Grove Press, New York 1976

CLEMENTS: *A Guide to Transactional Analysis.* Insight Training Limited

HARRIS, TH.A.: *Ich bin o.k. – Du bist o.k.* Rowohlt, Reinbek 1973

JAMES, M.: *Der Ok-Boss.* MVG, München 1990

JAMES, M./JONGEWARD, D.: *Spontan leben.* Rowohlt, Reinbek 1974

NOVEY: *TA for Management.* Jalmar Press, Sacramento

RAUTENBERG, W./ROGOLL, R.: *Werde, der du werden kannst.* Herder, Freiburg 1980

ROGOLL, R.: *Nimm dich, wie du bist.* Herder, Freiburg 1976

SCHLEGEL, L.: *Grundriß der Tiefenpsychologie,* Band 5. Francke, Tübingen 1987

# Anschriften

ITAA
International Transactional Analysis Association
450, Pacific Avenue
**San Francisco/California 94133-4640**
USA

DGTA
Deutsche Gesellschaft für Transaktionsanalyse e.V.
Silvaner Weg 8
**78464 Konstanz**

Rainer Schmidt
c/o RSA Entgrat- u. Trenn-Systeme GmbH & Co
Freisenbergstraße 19
**58513 Lüdenscheid**

Konstanzer Seminare
Ulrich Dehner
Buchnerstraße 11
**78464 Konstanz**